주께서
붙드시는
성도

주께서
붙드시는 성도

지은이 | 김문훈
초판 발행 | 2018. 4. 25
2쇄 발행 | 2018. 4. 26
등록번호 | 제1988-000080호
등록된 곳 | 서울특별시 용산구 서빙고로 65길 38
발행처 | 사단법인 두란노서원
영업부 | 2078-3352 FAX | 080-749-3705
출판부 | 2078-3331

책값은 뒤표지에 있습니다.
ISBN 978-89-531-3142-2 03230 Printed in Korea

독자의 의견을 기다립니다.
tpress@duranno.com www.duranno.com

두란노서원은 바울 사도가 3차 전도여행 때 에베소에서 성령 받은 제자들을 따로 세워 하나님의 말씀으로 양육하던 장소입니다. 사도행전 19장 8-20절의 정신에 따라 첫째 목회자를 돕는 사역과 평신도를 훈련시키는 사역, 둘째 세계선교(TIM)와 문서선교 (단행본·잡지) 사역, 셋째 예수문화 및 경배와 찬양 사역, 그리고 가정·상담 사역 등을 감당하고 있습니다. 1980년 12월 22일에 창립된 두란노서원은 주님 오실 때까지 이 사역들을 계속 할 것입니다.

주께서 붙드시는 성도

김문훈 지음

두란노

| 목차 |

서문　　　　　　　　　　6

1부
**관계가
아름다운 성도**

---

1. 축복의 통로가 되는 사람　　10
2. 관계의 축복　　24
3. 아름다운 배턴 터치　　36
4. 가정 사역 전문가　　46
5. 너는 그리스도의 편지라　　54

2부
**성품이
아름다운 성도**

---

6. 경건미인　　62
7. 생각, 말, 행동, 인품　　72
8. 신의 성품　　82
9. 영성, 야성, 정성　　94
10. 갈증, 긍정, 열정　　104

3부
신앙이
아름다운 성도

11. 의인은 믿음으로 살리라   112
12. 감사 회복   124
13. 신앙의 세 가지 골든타임   134
14. 복 있는 사람들   140
15. 삶의 기승전결   152
16. 있는 자 vs. 없는 자   160

4부
변화가
아름다운 성도

17. 깨어짐의 축복   170
18. 은혜의 때, 구원의 날   180
19. 약함을 자랑하라   190
20. 울며 씨를 뿌리러 나가는 자   198
21. 말씀이 문화되어   206
22. 그릇 이야기   216

| 서문 |

한 사람이 주님의 온전한 성도로 거듭나기 위해서는 여러 과정이 필요합니다. 구원은 예수 그리스도로 인해 단번에 이루어졌지만, 구원받은 이후 아름다운 성도로 살아가기 위해서는 수많은 단계를 거쳐야 하기 때문입니다. 허물 많은 베드로, 의심 많은 도마가 그리스도의 제자가 되기까지는 실패하고, 도망치고, 회개하고, 돌이키는 과정들을 겪어야 했습니다.

죽은 것 같은 한 톨의 마른 씨앗이 땅에 심겨져 춘하추동(春夏秋冬)의 모진 세월을 반복해 거목(巨木)이 되듯, 성도의 삶도 그러합니다. 단번에 평탄히 되는 것이 아니라, 인생길의 오르막 내리막을 쉼 없이 넘어지고 쓰러지며 걷다 보면 주께서 붙들어 주신다는 실낱같은 믿음이 어느새 조금씩 뿌리를 내리고 단단하게 자라나는 것입니다.

너무나도 인간적인, 사람 냄새만 풍기던 야곱을 보십시오. 그는 얍복 강에서 주의 사자와 씨름할 때 이긴 자 이스라엘이 되었습니다. 그가 힘이 있어서 이긴 것이 아니라, 그동안 자신이 붙들고 있던 삶의 연약함을 내려놓고 하나님을 붙잡았을 때, 하나님과 씨름하며 그 고통의 시간을 견뎌 냈을 때, 하나님께서는 야곱을 아브라함과 이삭을 잇는 축복의 통로로 사용해 주신 것입니다.

바위가 깨져 자갈이 되고, 모래가 되고, 흙이 되어야 비로소 도

자기가 되는 것처럼 깨지는 과정은 고통스럽지만 그 시간들을 견디낼 때 마침내 위대한 작품으로 탄생하는 것입니다. 하나님은 화려하고 예쁜 그릇이 아니라, 깨지고 상한, 박살난 그릇을 사용해 하나님의 뜻을 이 땅 가운데 펼치기를 원하십니다. 이것이 우리를 향한 하나님의 본심입니다. 보잘것없고 볼품없어 보일지라도 주님이 붙드시면 쓰임 받는 그릇이 될 수 있습니다.

바라기는, 독자들이 이 책을 통해 하나님의 본심이 무엇인지를 발견할 수 있었으면 좋겠습니다. 인생과 신앙의 골든타임, 핵심가치를 붙잡고 규모 있는 성도의 삶을 살기 위한 방법이 무엇인지를 찾을 수 있었으면 좋겠습니다. 그때 약한 것을 자랑하고, 주님 손에서 거룩한 성도로 세워져 가는 자신을 발견하게 될 것입니다.

이 책이 나오기까지 기도와 성원을 아끼지 않은 포도원교회 성도님들과 두란노서원의 노고에 깊이 감사를 드립니다. 주님이 붙드시는 사람은 행복한 사람입니다. 주님 손에 붙들린 귀한 삶을 살아가기를 주님의 이름으로 축복합니다.

2018년
김문훈 목사

1부

관계가
아름다운 심도

1. 축복의 통로가 되는 사람

"이러므로 우리에게 구름같이 둘러싼 허다한 증인들이 있으니 모든 무거운 것과 얽매이기 쉬운 죄를 벗어 버리고 인내로써 우리 앞에 당한 경주를 하며 믿음의 주요 또 온전하게 하시는 이인 예수를 바라보자 그는 그 앞에 있는 기쁨을 위하여 십자가를 참으사 부끄러움을 개의치 아니하시더니 하나님 보좌 우편에 앉으셨느니라 너희가 피곤하여 낙심하지 않기 위하여 죄인들이 이같이 자기에게 거역한 일을 참으신 이를 생각하라"(히 12:1-3).

우리는 예수님의 향기를 전달하는
통로가 되어야 합니다.
이러한 사람이 주님의 동역자입니다.

하나님은 시대마다 한 사람을 통해 역사하셨습니다. 각 시대마다 그 땅에서 나고 자란 한 사람을 통해 모든 것을 새롭게 하셨습니다. 이것이 하나님이 일하시는 방법입니다. "내가 이새의 아들 다윗을 만나니 내 마음에 맞는 사람이라 내 뜻을 다 이루리라"(행 13:22). 하나님은 다윗이라는 들판의 한 양치기를 불러 이스라엘을 구원할 성군으로 만드셨습니다. 또 모든 사람이 바알에게 무릎 꿇던 악한 시대에 디셉 사람 엘리야를 불러 바알과 아세라의 거짓 선지자 850명을 감당하셨습니다. 신약성경에 보면 예수님은 베드로라는 한 무식한 어부를 붙들고 3년을 씨름하시며 그를 당신의 수제자로 만드셨습니다. 사울이라는 한 거친 청년을 불러서 그를 이방의 사도가 되게 하셨습니다. 이것이 곧 하나님의 구원 역사입니다.

그런데 문제는 하나님이 모든 사람을 다 쓰시지는 않는다는 것입니다. 쓰임 받는 사람이 있고 쓰임 받지 못하는 사람이 있으며, 쓰임 받는다 할지라도 그 기간이 매우 짧다는 것입니다. 하나님은 우리를 유한한 존재로 창조하셨기 때문입니다. 하나님은 사람을 두 가지 통로로 사용하시는데, 하나는 사람을 통해 축복을, 다른 하나는 사람을 통해 징계를 하십니다.

하나님은 누군가를 축복하실 때 좋은 만남을 허락하시어 그 자체로 힐링이 되게 하십니다. 또한 그 사람을 통해 재정이 풍요로워지게 하십니다. 그런데 반대로 징계하실 때는 "사람의 매와 인생의 채찍으로 징계"(삼하 7:14)하십니다. 옛 속담에 "길에서 호랑이를 만나는 것보다 사람을 만나는 게 더 무섭다"는 말이 있습니다. 이상한 사람과 엮여 버리면 그게 저주이고 심판이고 재앙이 됩니다. 헤어날 수 없는 인생의 채찍을 만나는 것입니다. 그래서 우리는 좋은 만남을 위해 기도해야 합니다. 또한 하나님의 축복의 통로로 쓰임 받기를 간절히 소망해야 합니다.

복된 만남을 위해 기도하라

마태복음 9장을 보십시오. 추수할 것은 많은데 일꾼이 없을 때 어떻게 해야 될까요? 사람을 찾아다니면 안 됩니다. 성경은 사람이 없을 때, 일꾼이 부족할 때 주인되시는 하나님에게 기도하라고 말씀합니다. "추수하는 주인에게 청하여 추수할 일꾼들을 보내 주소서 하라"(마 9:38).

아브라함의 늙은 종 엘리에셀은 주인이 며느릿감을 간택해 오라고 보냈을 때 이렇게 하나님에게 기도했습니다. "우리 주인 아브라함의 하나님 여호와여 원하건대 오늘 나에게 순조롭게 만나게 하사 내 주인 아브라함에게 은혜를 베푸시옵소서"(창 24:12). 엘리에셀은 기도를 통해 우물가에서 리브가를 만났고, 그렇게 만난 리브가는 아브라함에게 있어 복이 되었습니다.

마가는 사도 바울과 바나바가 속한 선교 팀에 불화를 일으킨 장본인입니다. 그로 인해 팀이 찢어지는 큰 문제가 발생했습니다. 하지만 훗날 사도 바울은 자신이 죽기 전 마지막 편지인 디모데후서 4장에서 "마가를 데리고 오라 그가 나의 일에 유익하니라"(딤후 4:11) 하고 말합니다. 백해무익(百害無益)했던 사람이 바나바에 의해 유익한 사람이 되고 그들 사이를 화목하게 하는 촉매제가 된 것입니다. 만남의 축복은 이렇게 흘러가기에 우리는 이러한 복된 만남을 위해 기도해야 합니다.

성경에는 수많은 영웅들의 이야기가 기록되어 있습니다. 그중 히브리서 11장은 '믿음의 영웅'들이, 히브리서 12장은 "구름같이 둘러싼 허다한 증인들이"(1절) 있음을 기록합니다. 이들이 믿음의 영웅, 믿음의 증인들이 될 수 있었던 이유는 무엇일까요? 이들에게 복된 만남이 허락되었기 때문입니다. 부모에서 자식으로 이어지는 믿음의 유산이 있었기에 이를 통해 하나님과의 복된 만남이 성사된 것입니다.

많은 믿음의 선배들을 바라보며 '나 또한 저들처럼 살아야겠다'고 고백하고 다짐하는 것이 신앙생활을 잘하는 것입니다. 복된 만남을 위해, 또한 우리가 복된 만남의 통로가 되기를 소망하십시오. 하루를 살아도 불꽃처럼 멋지게, 매력적으로, 영향력 있는 사람이 되어야지, 있으나 마나 한 존재, 악의 축이 되는 존재가 되어서는 안 됩니다.

대체 불가한 믿음의 사람

히브리서 11장에는 믿음의 영웅들이 순서대로 나옵니다. 믿음의 족보는 어떻습니까? 아브라함의 믿음, 이삭의 순종, 야곱의 기도가 삼 대를 흘러가고 다음으로 요셉이 등장합니다. 이처럼 모든 것은 흐름입니다. 가정에도 이같은 흐름이 있습니다. 그래서 한번 흐름이 꼬이면, 한번 물길이 막히면 골치가 아픕니다. 하나님은 우리에게 "너는 물 댄 동산 같겠고 물이 끊어지지 아니하는 샘 같을 것이라"(사 58:11)고 말씀하셨습니다. 이는 가정 안에 그리고 만나는 사람마다 이 복이 흘러가야 한다는 말입니다.

우리는 늘 대체 불가한, 비교 불가한 믿음의 사람이 되도록 끊임없이 자신을 가꾸어 가야 합니다. 인생은 아무도 우리를 도와주지 않습니다. 우리는 사도 바울처럼 "나는 자족하기를 … 일체의 비결을 배웠노라"(빌 4:11-12) 하고 고백할 수 있어야 합니다. 그러기 위해 우리는 항상 자신을 일깨워 기도의 골방에, 예배의 최전선에 서야 합니다.

히브리서 11장의 첫 번째 주자는, 아벨입니다. "믿음으로 아벨은 가인보다 더 나은 제사를 하나님께 드림으로 의로운 자라 하시는 증거를 얻었으니"(히 11:4). 아벨은 잘 드린 예배 한 번으로 하나님에게 첫 번째로 쓰임 받았습니다. 예배에 성공하면 모든 것에 성공합니다. 이유가 무엇일까요? 예배 드리는 동안 우리의 마음이 새로워지기 때문입니다. 우리의 마음속에 있는 악하고 독한 것들을 다 토해 내고, 회개하고 참회함으로 새롭게 된 것입니다. 그때 우리는 아벨과 같이 의로운 자가 됩니다. 의롭다는 것은 하나님과의 사이가 반듯하다는 것입니다.

두 번째 주자는, 에녹입니다. "믿음으로 에녹은 죽음을 보지 않고 옮겨졌으니 … 하나님을 기쁘시게 하는 자라 하는 증거를 받았느니라"(히 11:5). 에녹은 죽음을 맛보지 않고 산 채로 하나님 나라에 간 사람입니다. 그는 하나님을 기쁘시게, 하나님을 영화롭게 하며 살다가 참으로 멋지게 하나님 곁으로 올라갔습니다.

세 번째 주자는, 노아입니다. "믿음으로 노아는 아직 보이지 않는 일에 경고하심을 받아 경외함으로 방주를 준비하여 그 집을 구원하였으니"(히 11:7). 사람은 눈에 보이는 것을 중요하게 생각합니다. 그런데 그는 눈에 보이지도, 손에 잡히지도 않는 현실 앞에서 하나님의 명령대로 오랜 세월 동안 방주를 만들어 온 가족을 구원했습니다.

네 번째 주자는, 아브라함입니다. "믿음으로 아브라함은 부르심을 받았을 때에 순종하여 장래의 유업으로 받을 땅에 나아갈새 갈 바를 알지 못하고 나아갔으며"(히 11:8). 아브라함은 부르심을 받았을 때 갈 바를 알지 못했지만 하나님 앞에 나아가 복의 근원이 되었습니다. 지금은 잘 모를지라도 10년, 20년 주를 바라보고 나아가면 우리에게도 믿음의 족보가 생깁니다.

우리가 원조, 곧 롤 모델이 되는 것입니다. "선을 행하되 낙심하지 말지니 포기하지 아니하면 때가 이르매 거두리라"(갈 6:9)는 말씀처럼, 때가 차도록 기다리며 눈물의 양을 채우고 주님 앞에 겸비해 있으면 주님이 들어 쓰신다는 것입니다. 기도는 오래 걸려도 응답은 한 순간입니다.

믿음으로 그리는 큰 그림

사람은 누구나 명암이 있고 공과가 있고 장단점이 있습니다. 완전한 사람은 없다는 것입니다. 그래서 우리는 믿음의 사람, 하나님의 사람, 성령의 사람을 바라봐야 합니다. 무엇보다 "믿음의 주요 또 온전하게 하시는 이인 예수"(히 12:2)를 바라봐야 합니다. 바라보면 닮습니다. 예수님 앞에 울며불며 십자가를 붙들고 몸부림치면서 영적인 씨름을 하다 보면 세월이 지났을 때, 너새니얼 호손의 '큰 바위 얼굴'처럼 예수님을 닮게 되는 것입니다. 처음부터 훌륭한 인격을 가진 사람은 없습니다. 백해무익한 인간이 유익한 자가 되고, 인간 말종이 하나님 앞에 붙들리는 과정을 통해 인격자로 변해 가는 것입니다.

달은 자체 발광하는 존재가 아니라 해를 반사하는 존재입니다. 이처럼 우리 또한 예수를 반사하는 존재가 되어야 합니다. 내 모습은 별거 아니지만 예수님을 잘 믿음으로 예수 향기가 진동하고 예수님의 이미지가 드러나야 성공한 믿음의 삶이라 할 수 있습니다. 아브라함은 갈 바를 알지 못해 불안할 수 있는 상황에서 개척 정신, 도전 정신, 모험 정신으로 복의 원조가 되었습니다. 이삭은 약한 것 때문에 도리어 하나님에게 백배의 복을 받을 수 있었습니다. 야곱은 어떻습니까? 그의 더러운 욕심이 변해 열망이 되었고, 그로 인해 이스라엘, 곧 하나님과 겨루어 이긴 자가 되었습니다.

"믿음으로 모세가 났을 때에 그 부모가 아름다운 아이임을 보고 석 달 동안 숨겨 왕의 명령을 무서워하지 아니하였으며"(히 11:23). 모세의 부모는 아들의 외면이 아닌 영혼의 아름다움을 보았습니다. 그래서 사내아이는 하수에 던져 버리라는 어명 앞에서도 하나님을 경외하는 마음으로 아이를 갈대상자에 담아 나일 강에 떠내려 보낼 수 있었습니다. 하나님이 책임져 주실 거라는 믿음이 있었기 때문입니다. 하나님은 그 믿음에 응답하시듯 바로의 공주가 사는 안방으로 모세를 밀어 넣으셨습니다. 우리 또한 자녀를 볼 때 이렇게 축복하는 마음을 가져야 합니다. 자녀의 지금 모습이 어떠하든 언젠가는 하나님 손에 붙들려 귀하게 쓰임 받고 부름 받을 거라는 믿음을 가져야 합니다.

배우자를 향해서도 마찬가지입니다. 저는 삼손의 어머니를 볼 때마다 참 멋있다는 생각을 합니다. 그녀는 마누아의 아내라는 언급만 있을 뿐, 성경에 정확한 이름이 기록되어 있지 않습니다. 그런 그녀가 믿음으로 남편을 독려해서 하나님이 주신 아들인 삼손을 낳았습니다. 삼손은 훗날 이스라엘을 블레셋으로부터 20년간 지켜 냅니다.

삼손의 말로는 인간적으로 매우 불행했습니다. 그 이유는 어머니의 기도의 품을 떠났기 때문입니다. 삼손은 어머니의 기도의 품에 있을 때는 잘나갔습니다. 그러나 기도의 품을 떠나면서 점차 망가지기 시작했습니다. 이처럼 기도에는 능력이 있습니다. 그렇기에 우리는 기도해야 합니다. 그런데 그 기도가 내 자녀, 내 가정에만 머물러서는 안 됩니다. 교회를 위해, 조국과 민족을 위해 기도하며 기도의 반경을 넓혀 나가야 합니다. 우리가 이순신 장군을 영웅이 아닌 성웅(聖雄)이라 부르는 이유는 그가 위기 속에서 자기 가정이 아닌 나라와 민족을 건져 낸 사람이기 때문입니다.

성경에 기록된 멋진 사람들은 대부분 하나님 나라를 기다렸습니다. '먼저 그의 나라와 그의 의를 구하는' 사람, 곧 하나님의 영광을 위해 하나님 나라를 구하는 사람은 부모와 가족,

심지어 짐승조차도 함부로 하지 않았습니다. 성경에 나오는 많은 믿음의 사람들의 이야기 중에서, 이런 허다한 증인들 가운데서 당신은 지금 어디쯤 가고 있습니까?

다윗은 항상 하나님 나라에 관심이 많았습니다. 자신은 임금이 되어 백향목 궁궐에서 사는데, 하나님의 법궤는 텐트 밑에 처박혀 있는 것이 늘 마음에 걸려 성전을 지으려고 한 사람이었습니다. 그는 하나님의 군대를 모욕하는 골리앗을 만났을 때도 하나님의 영광에 대해, 하나님의 이름에 대해, 하나님의 나라에 대해 남달리 예민했던 사람이었습니다. 하나님은 그 사랑을 보시며, 그의 마음 중심을 보시며 그를 축복의 통로로 삼아 당신의 뜻을 이루리라 말씀하셨습니다(행 13:22 참조).

"환난당한 모든 자와 빚진 모든 자와 마음이 원통한 자가 다 그에게로 모였고 그는 그들의 우두머리가 되었는데 그와 함께한 자가 사백 명가량이었더라"(삼상 22:2). 다윗은 사울에게 쫓기던 시절, 그에게 몰려든 400명가량의 사람들과 함께 광야에서 생활했습니다. 이들은 훗날 다윗의 특급 참모와 용사들이 되었습니다. 이들은 주군인 다윗을 위해 목숨을 걸고 싸웠습니다. 그래서 다윗은 성군이 되었으며, 결국엔 이스라엘을 통일하는 왕이 되었습니다.

바울은 어떻습니까? 그가 위대한 이유는, 가는 곳마다 사람을 만나 예배당을 세웠기 때문입니다. 성경에 보면 바울의 동역자들이 많이 나옵니다. 사랑하는 아들 디모데, 감옥에서 낳은 아들 오네시모 등 바울의 동역자들만 수십 명입니다. 우리는 이처럼 쓰임 받는 사람, 유익한 사람, 향기로운 사람 그리고 예수님의 모습을 최대한 투영하는 사람이 되어야 합니다. 예수님의 향기를 전달하는 통로가 되어야 합니다. 이러한 사람이 곧 주님의 동역자입니다.

바라봄, 축복의 시작

인생은 한 번뿐입니다. 그렇기에 우리는 하나님의 축복의 통로가 되는 유익한 삶을 살아야 합니다. 하나님만 바라보십시오. 우리의 부족함을 모두 하나님에게 아뢰고 주님의 긍휼을 구하십시오. 또 우리는 성령으로 충만해져야 합니다. 성령님만이 우리의 마음을 감화, 감동하게 하시고, 우리의 죄를 생각나게 하시며, 깨우쳐 주시고, 회개할 마음을 주시고, 부끄럽게 하십니다. 그리고 담대하게 하십니다.

데살로니가전서 5장 16-19절은 "항상 기뻐하라 쉬지 말고 기도하라 범사에 감사하라 이것이 그리스도 예수 안에서 너희를 향하신 하나님의 뜻이니라 성령을 소멸하지 말며"라고 말씀합니다. 왜 항상 기뻐하고, 쉬지 말고 기도하며, 범사에 감사하라는 말씀 뒤에 성령을 소멸하지 말라는 말씀이 나오는 것일까요? 거기에 모든 것이 걸려 있기 때문입니다. 성령님을 근심하게 하며 그분을 소멸시키고 훼방하는 사람은 육에 속한 사람입니다. 그런데 이는 한순간에 이루어집니다. 오랜 시간이 필요하지 않습니다. 그렇기에 우리는 "믿음의 주요 또 온전하게 하시는 이인 예수"(히 12:2)를 늘 바라봐야 합니다.

우리 예수님은 말씀으로 존재하십니다. 예수님을 바라본다는 것은 말씀을 바라보는 것입니다. "믿음은 들음에서 나며 들음은 그리스도의 말씀으로 말미암았느니라"(롬 10:17). 예수님을 바라본다는 것은 또한 성령에 매여서 살아간다는 것입니다. 사도 바울이 이런 삶을 살았습니다. "보라 이제 나는 성령에 매여 예루살렘으로 가는데 거기서 무슨 일을 당할는지 알지 못하노라"(행 20:22). 어떤 일이 벌어질지 알 수 없으나 성령님과 함께이기에 담대하게 그 길을 가겠다는 것입니다.

하나님은 성령보다, 기도보다, 말씀보다 앞서지 않는 사람을 찾으시고 그 삶을 책임져 주십니다. 하나님은 시대마다 그런 사람들을 들어 쓰셨습니다. 우스 땅의 욥, 에브라임 사람 엘가나, 디셉 사람 엘리야, 가이사랴의 고넬료, 안디옥의 바나바,

막달라의 마리아, 구레네 사람 시몬, 아리마대 사람 요셉, 바벨론의 다니엘, 애굽의 요셉, 수산 궁의 느헤미야, 미디안의 제사장 이드로, 두아디라의 자주 장사 루디아, 베다니의 나사로…. 이제 우리는 그 뒤를 이어야 합니다.

믿음으로 부흥 역사의 한 축을 감당하십시오. 가정과 가문의 영광이 되십시오. 당신 때문에 가정이, 회사가, 교회가 살아나는, 예수 향기가 진동하는 축복의 통로로 쓰임 받기를 날마다 소망하시길 바랍니다.

2. 관계의 축복

"너는 어서 속히 내게로 오라 데마는 이 세상을 사랑하여 나를 버리고 데살로니가로 갔고 그레스게는 갈라디아로, 디도는 달마디아로 갔고 누가만 나와 함께 있느니라 네가 올 때에 마가를 데리고 오라 그가 나의 일에 유익하니라"(딤후 4:9-11).

인간관계보다 더 중요한 것은
코람데오,
곧 하나님과 나 사이의 관계입니다.

우리는 삶의 대부분을 사람과 사람 사이의 관계 속에서 살아갑니다. 그렇기에 관계는 매우 중요합니다. 관계가 틀어지면 그 안에서 갈등이 생기고, 스트레스가 발생하며 몸에 질병이 만들어집니다.

하나님과 우리 사이에도 관계가 중요합니다. 하나님은 사람을 통해 일하시기 때문입니다. 하나님은 어떤 사람을 심판하실 때 조차도 벼락을 쳐서 그 사람을 직접 죽이지 않으시고 "사람의 매와 인생의 채찍으로 징계"(삼하 7:14)하십니다. 가시 같은 사람을 통해 징계하신다는 것입니다. 축복도 마찬가지입니다. 하나님은 사람을 통해 우리 인생을 복되게 하십니다.

'정비공' 없는 인간관계

만나면 신나고 가슴 설레는 사람이 있는 반면, 어떤 사람은 같이 있을수록 마음에 불편함이 생기고 짐이 되기도 합니다. 인간관계에 '정비공'이란 없습니다. 무슨 말입니까? '정답, 비밀, 공짜'는 없다는 것입니다. 인간관계에도 역시 심은 대로 거두는 법칙이 적용됩니다. 결국에는 진실하고 정직한 것만 남게 되어 있습니다. 땀 흘림 없이는 성공이 없고, 눈물의 기도 없이는 응답이 없듯이 인간관계도 그런 것입니다.

세상에 100점짜리 인간관계는 없습니다. 누구든지 공과가 있고, 허물과 실수가 있습니다. 다만 하나님이 얼마나 은혜를 베풀어 주시고 불쌍히 여기시는가에 따라 그 사람의 복잡한 인간관계가 합력해서 선을 이루기도 하는 것입니다. 세상에 완벽한 인물은 없습니다. 내 눈에만 그렇게 보일 뿐 정작 자신은 결점투성이일 뿐입니다. 성경은 "모든 사람이 죄를 범하였으매 하나님의 영광에 이르지 못하더니"(롬 3:23)라고 말씀합니다.

관계 중에서 가장 장담하기 어려운 관계가 부모와 자식 간의 관계입니다. 최초의 인간인 아담도 그의 장남 가인이 살인자가 되고 말았습니다. 지혜의 왕 솔로몬도 그의 아들 르호보암 때 나라가 분열되면서 내리막길을 걷게 되었습니다. 성경에서 누구보다도 귀하게 쓰임 받았던 사람은 사무엘입니다. 그런데 그 위대한 지도자 사무엘도 자식 농사에 실패하고 말았습니다. 그의 두 아들이 아버지의 행위를 따르지 않고 이권을 따라 뇌물을 취하며 판결을 굳게 하자, 그 아들 때에 와서 사사 시대가 끝나며 백성들은 왕을 요구하기에 이릅니다. 그렇게 해서 사울 왕이 등장하게 되는 것입니다.

그런데 이들과는 달리 영적인 부모자식 간의 관계를 멋지게 형성한 이들이 있습니다. 바울은 평생을 결혼하지 않고 살았기에 육신의 자녀는 없었지만, 전도를 통해 믿음으로 낳은 자녀들이 많았습니다. 그에게는 디모데와 같은 아들이 있었고, 실라와 같은 동역자가 있었으며, 의사 누가와 마가도 그와 아름다운 관계의 결말을 맺었습니다.

믿음의 조상 아브라함에게도 엘리에셀이라는 늙은 종이 있었습니다. 99세까지 아들이 없었던 아브라함은 엘리에셀이라는 늙은 종을 상속자로 생각했습니다. 엘리에셀은 아브라함에게 있어 일평생을 함께해 온 친구요, 종이요, 동역자였습니다. 훗날 이삭이 태어나고 자라 며느릿감을 구할 때가 되자 아브라함은 엘리에셀을 보냈습니다. 아브라함은 하나님이 예비하실 거라는 약속을 믿어 의심하지 않고 엘리에셀을 신뢰했기에 그 중차대한 일을 맡긴 것입니다.

그런데 아브라함뿐 아니라 엘리에셀의 믿음도 대단합니다. 어떻게 보면 이삭은 엘리에셀의 라이벌입니다. 이삭이 없었으면 그 집안의 모든 것을 자신이 상속받게 되어 있었습니다. 그런데 그는 아브라함에게 처음부터 끝까지 충성을 다했습니다. 아브라함의 며느릿감을 구하는 데 있어 조금도 한눈을 팔지 않았습니다. 그는 도착하자마자 바로 하나님에게 기도했습니다. "우리 주인 아브라함의 하나님 여호와여 원하건대 오늘 나에게 순조롭게 만나게 하사 내 주인 아브라함에게 은혜를 베푸시옵소서"(창 24:12). 엘리에셀은 처음부터 끝까지 자신의 종 된 위치를 벗어나지 않았습니다. 그의 충성으로 인해 '아이야의 축복', 곧 아브라함의 믿음, 이삭의 순종, 야곱의 기도로 흘러가는 하나님의 구원 역사가 이어지게 된 것입니다.

축복으로 이끄는 아름다운 관계

하나님은 관계를 통해 복을 주십니다. 모세는 지도자가 되기까지 다섯 명의 여성들을 통해 복을 받았습니다. 산파가 그를 살려 주었고, 공주가 그를 발견했으며, 시녀가 그를 건져 주었고, 누나가 끝까지 따라붙어, 결국엔 엄마가 그를 길러 주었습니다. 한 사람이 지도력을 갖추기까지 많은 사람들의 헌신과 희생과 눈물이 있었던 것입니다.

아브라함에게는 집에서 길리고 훈련된 318명의 사병, 네트워크가 있었습니다. 바울은 276명과 함께 사선을 넘어 로마까지 갔습니다. 다윗은 10년 동안 떠돌아다닐 때 빚진 자, 가난한 자, 원통한 자 400명과 함께하며 끈끈한 파트너십을 갖추었습니다. 거기에서 다윗의 많은 용사들이 배출되었습니다. 이처럼 만남은 꼬리에 꼬리를 물고 역사와 문화를 만들어 가는 것입니다.

구약성경에서 특별히 아름다운 만남을 꼽으라고 한다면 나오미와 룻, 룻과 보아스의 만남을 꼽을 수 있습니다. 나오미라는 이름의 뜻은 '기쁨, 즐거움'입니다. 그런데 객지에서 살다가 남편과 사랑하는 아들 둘을 잃고 맙니다. 그렇게 그 가정에는 세 여자만 남게 되었습니다. 그런데 그것도 모자라 며느리 한 명은 자신의 고향으로 돌아가 버립니다. 나오미의 일생을 보면 이름처럼 기쁘고 즐겁지만은 않습니다. 그런데 그녀는 기쁨과 즐거움을 잃어버리지 않았습니다.

나오미는 끝까지 자신을 따르기로 결정한 며느리 룻과 함께 고향으로 돌아왔습니다. 그들에게는 재산도 땅도 없었기에 룻이 남의 밭에 가서 이삭을 주워 오면 그것으로 하루하루를 연명했습니다. 그러던 중 룻과 보아스의 만남이 성사되었습니다. 보통의 시어머니 같으면 눈에 쌍심지를 켜고 반대할 텐데 나오미는 하나님을 신뢰했습니다. 그리고 이를 하나님의 인도하심으로 여겨 두 사람을 적극적으로 연결시켜서 결국엔 그들의 후손으로 다윗이 태어납니다. 하나님의 구원 역사에 대해 의심하지 않은 것입니다.

"룻이 가서 베는 자를 따라 밭에서 이삭을 줍는데 우연히 엘리멜렉의 친족 보아스에게 속한 밭에 이르렀더라"(룻 2:3). 성경은 우연히 보아스의 밭에 이르렀다고 말씀합니다. 그러나 하나님의 일하심에는 우연이란 없습니다. 모든 것은 하나님의 계획 가운데 이루어지는 것입니다. 하나님은 그렇게 우리의 만남을 인도하십니다.

룻기 4장 15절에 보면 여인들이 나오미에게 룻을 가리켜 "너를 사랑하며 일곱 아들보다 귀한 네 며느리"라고 이야기합니다. 가부장적인 시대에 딸도 아니고 며느리로서 칭찬을 받은 것입니다. 룻은 "어머니의 백성이 나의 백성이 되고 어머니의 하나님이 나의 하나님이 되시리니"(룻 1:16)라는 고백을 통해 예수님의 족보에 등장하는 특별한 여인이 되었습니다. 여인 중에 가장 돋보이는 현숙한 여인이 된 것입니다. 다윗의 자손, 예수 그리스도의 세계까지 쭉 이어지는 예수님을, 메시아를 잉태한 복된 여인이 된 것입니다.

사역을 깨뜨리는 불편한 관계

이처럼 복된 만남이 있는가 하면, 반대로 불편한 만남도 있습니다. 바울과 바나바 사이에 있는 마가를 보십시오. 마가는 바나바의 조카입니다. 그런데 마가를 두고 바나바와 바울 사이에 충돌이 일어납니다.

바나바는 소심하고 내성적이고 관계 중심적인 사람이었습니다. 자기 옆에 있는 한 사람이라도 상처를 받거나 어려워하면 기어이 보듬어서 함께 나아가는 사람이었습니다. 반면에 바울은 외향적이고 공격적이며 일 중심적인 사람이었습니다. 복음을 전하는 데 있어서는 거침없이 나아가는 성향의 사람인 것입니다. 그런데 그들 사이에서 마가가 전도 여행 중에 중도 포기하고 집으로 돌아가 버린 것입니다.

세월이 흐른 후 다시 전도 여행을 떠날 때 바나바는 조카 마가를 데리고 가자고, 바울은 그럴 수 없다고 대립된 의견을 보이다가 결국에는 크게 다투게 됩니다. "서로 심히 다투어 피차 갈라서니"(행 15:39). 그리고 결국에는 선교 팀이 깨지게 됩니다. 두 사람 사이에 회복할 수 없는 감정의 골이 깊어지면서 바나바는 그 이후로 성경에 등장하지 않습니다. 그렇게 바나바는 이 모든 사건의 화근이 되었던 조카 마가를 데리고 구브로로 가고, 바울은 실라를 데리고 다른 곳으로 전도 여행을 떠납니다.

그런데 사도 바울이 유언과도 같은 말씀인 디모데후서 마지막 4장에서 마가의 이름을 다시 언급합니다. "네가 올 때에 마가를 데리고 오라 그가 나의 일에 유익하니라"(11절). 죽기 전에 해결해야 할 일이 있으니 마가를 데리고 오라는 것입니다. '그가 나의 일에 유익하다'는 건 무슨 말입니까? 마가 때문에 바나바와 틀어져 선교 팀이 와해되고 큰 사단이 났는데, 바울은 그 원흉인 마가를 유익한 자라고 이야기합니다.

바나바가 바울의 선교 팀에서 어머니 같은 역할을 감당하는 사람이었다면 바울은 돌격대장 같은 역할을 감당했습니다. 어떻게 보면 두 사람은 도저히 어울리지 않는 리더십이었습니다. 그런데 그 사이에서 완충제 역할을 한 사람이 마가였습니다. 마가 때문에 일이 잘못되어 긴 세월 갈라져서 사역하는 동안 바나바는 그의 스타일대로 상처받은 조카를 보듬어 결국엔 못난 조카를 유익한 사람으로, 막강한 리더십으로 회복시켰습니다.

바울은 로마 제국 한복판에서 죽기 직전에 자신을 이끌어 주고 길러 준 바나바를 생각하면서 그 관계를 회복하기 위해 마가를 데리고 오라고 편지를 썼습니다. 이처럼 바울과 바나바 사이에 완충제 역할을 감당할 마가가 그에게 있어 유익한 자라는 것입니다.

관계의 결론은 축복

마가는 바울과 바나바의 선교 팀을 와해시킨 주범입니다. 어떻게 보면 그는 바울에게 있어 불편한 관계임에 틀림없습니다. 그런데 바울이 죽음을 앞두고 마가를 찾음으로써 이들의 관계가 회복되었습니다. 비극이 아닌 축복이 된 것입니다.

우리 삶도 마찬가지입니다. 바울과 바나바의 약점이 강점으로 상호작용을 할 때 마가가 완충제 역할을 한 것처럼, 아브라함과 이삭 사이에 엘리에셀이 있는 것처럼 그리고 기구한 두 여인 나오미와 룻 사이에 보아스가 등장하면서 그 집안을 벌떡 일으킨 것처럼, 하나님은 우리에게도 이들과 같은 좋은 관계를 허락해 주십니다.

다윗은 시편을 통해 "여호와께서는 모든 것을 선대하시

며"(시 145:9)라고 고백합니다. 우리는 하나님 앞에 자랑할 것이 없지만 하나님은 항상 우리를 선하게, 좋게 대우해 주신다는 것입니다. 하나님은 우리에게 항상 좋은 것을 주고 싶어 하십니다. "너희 중에 누가 아들이 떡을 달라 하는데 돌을 주며 생선을 달라 하는데 뱀을 줄 사람이 있겠느냐 너희가 악한 자라도 좋은 것으로 자식에게 줄 줄 알거든 하물며 하늘에 계신 너희 아버지께서 구하는 자에게 좋은 것으로 주시지 않겠느냐"(마 7:9-11). 그렇기 때문에 인간관계보다 중요한 것은 코람데오, 곧 하나님과 나 사이의 관계입니다. 사람들의 평판에 울고불고하지 마십시오. 사람들의 평판에 나가떨어지지 마십시오. 하나님 앞에서의 삶이 중요하고, 임마누엘 하나님과의 동행이 중요합니다.

하나님을 가까이하십시오. 마라나타, 다시 오실 주님을 소망하며 '주님과 나'와의 관계를 견고히 하십시오. 모든 것은 영적입니다. 성경은 우리의 "영혼이 잘됨같이 … 범사에 잘되고"(요삼 1:2)라고 말씀합니다. 인간관계 속에는 정답이 없습니다. 하나님과의 관계 속에서 모든 관계에 대한 답을 찾으시길 바랍니다.

세상에 100점짜리 인간관계는 없습니다.

누구든지 공과가 있고, 허물과 실수가 있습니다.

다만 하나님이 얼마나 은혜를 베풀어 주시고 불쌍히 여기시는가에 따라

그 사람의 복잡한 인간관계가 합력해서 선을 이루기도 하는 것입니다.

3. 아름다운 배턴 터치

"또 그의 아들 솔로몬에게 이르되 너는 강하고 담대하게 이 일을 행하라 두려워하지 말며 놀라지 말라 네가 여호와의 성전 공사의 모든 일을 마치기까지 여호와 하나님 나의 하나님이 너와 함께 계시사 네게서 떠나지 아니하시고 너를 버리지 아니하시리라 제사장과 레위 사람의 반이 있으니 하나님의 성전의 모든 공사를 도울 것이요 또 모든 공사에 유능한 기술자가 기쁜 마음으로 너와 함께할 것이요 또 모든 지휘관과 백성이 온전히 네 명령 아래에 있으리라 다윗왕이 온 회중에게 이르되 내 아들 솔로몬이 유일하게 하나님께서 택하신바 되었으나 아직 어리고 미숙하며 이 공사는 크도다 이 성전은 사람을 위한 것이 아니요 여호와 하나님을 위한 것이라"(대상 28:20-29:1).

> 하나님이 함께하신다는 '임마누엘'은
> 구약성경의 축복이고 특권이며
> 영광입니다.

우리에게 맡겨진 새로운 일은 늘 적지 않은 스트레스와 긴장을 유발합니다. 이는 하나님의 일을 감당함에 있어서도 마찬가지입니다. 그런데 세상에서 맡겨진 일과 하나님의 일 사이에 차이점이 있다면, 하나님은 사명을 맡기실 때 그 사명을 감당할 수 있는 마음과 힘과 재물을 함께 주신다는 것입니다.

그렇다면 우리가 갖춰야 할 것은 무엇일까요? 연결되는 것입니다. 다음세대와 끊어지지 않게 배턴 터치를 잘하는 것입니다. 다윗과 솔로몬의 연결, 모세와 그의 후계자인 여호수아의 연결이 그것입니다. 바울이 위대한 이유는 이방의 사도로서 전 세계에 복음을 전하며 다닌 것도 있지만, 그에게 특별히 디모데, 실라, 오네시모와 같은 믿음의 아들들, 믿음의 후계자가 있었다는 것입니다. 엘리야도 마찬가지입니다. 구약의 대표적인 선지자로서 이스라엘의 병거와 마병으로 쓰임 받았지만, 그가 잘한 것은 엘리사라는 후계자를 남겼다는 것입니다. 배턴 터치가 되고 다음세대와의 연결점이 좋았던 사람들은 행복한 사람, 성공한 사람이라고 할 수 있습니다.

다음세대로 이어지는 아름다운 배턴 터치

죽음을 앞둔 다윗은 솔로몬에게 성전 건축이라는 배턴을 전달합니다. 그러면서 이렇게 격려합니다. "너는 강하고 담대하게 이 일을 행하라 두려워하지 말며 놀라지 말라 네가 여호와의 성전 공사의 모든 일을 마치기까지 여호와 하나님 나의 하나님이 너와 함께 계시사 네게서 떠나지 아니하시고 너를 버리지 아니하시리라 제사장과 레위 사람의 반이 있으니 하나님의 성전의 모든 공사를 도울 것이요 또 모든 공사에 유능한 기술자가 기쁜 마음으로 너와 함께할 것이요 또 모든 지휘관과 백성이 온전히 네 명령 아래에 있으리라"(대상 28:20-21).

하나님이 사람을 세우실 때도 똑같습니다. 모세의 후계자로 여호수아를 세우실 때 "강하고 담대하라 두려워하지 말며 놀라지 말라"(수 1:9)고 말씀하셨고, 바울을 통해 디모데를 세우실 때도 두려움이 아닌 "오직 능력과 사랑과 절제하는 마음"(딤후 1:7)을 주셨습니다. 엘리사는 어떻습니까? "당신의 성령이 하시는 역사가 갑절이나 내게 있게 하소서"(왕하 2:9) 하며 구했을 때 하나님이 응답해 주셨습니다. 이처럼 하나님은 항상 다음세대와의 연결점을 허락해 주십니다. 일의 완성은 배턴 터치할 사람, 안심하고 내 일을 맡길 수 있는 사람, 곧 다음세대를 잘 세워 가는 것입니다.

느헤미야서에 가장 많이 나오는 단어가 있다면 '그다음은'입니다. 느헤미야가 누구입니까? 이스라엘 멸망 후 예루살렘 성전이 불타고 백성들이 포로로 끌려가 있는 그 시절에 하나님이 성전을 재건하게 하신 사람입니다. 그런데 하나님은 그 일을 느헤미야 한 사람에게 맡기지 않으시고 계속해서 다음 사람, 그다음 사람을 말씀하십니다. 사람에게는 한계가 있기 때문입니다. 우리는 살아갈 때 자신의 한계를 잘 알아야 합니다. 전도서는 "그러므로 나는 사람이 자기 일에 즐거워하는 것보다 더 나은 것이 없음을 보았나니 이는 그것이 그의 몫이기 때문이라"(전 3:22)고 말씀합니다. 사람에게는 자기만의 분복, 자기만의 십자가가 있다는 것입니다.

다윗은 성전 건축을 원했습니다. 그러나 하나님은 그 일을 다윗이 아닌 그의 아들 솔로몬에게 맡기셨습니다. 모세는 다섯 권의 성경을 기록하고 출애굽이라는 대 역사를 이끌었던 최고의 리더였지만 하나님이 약속하신 가나안 땅을 한 발자국도 밟아 보지 못했습니다. 이것이 다윗과 모세의 한계인 것입니다. 우리도 마찬가지입니다. 우리가 이 세상을 다 책임지고 감당할 수는 없습니다. 우리는 그저 각자에게 허락된 십자가를 지고 하나님이 허락하신 사명을 감당하면 되는 것입니다.

저는 히스기야를 좋아합니다. 그는 전쟁에서 압승을 하고 죽을병에 걸렸다가 기도해서 15년이라는 생명을 연장 받았습니다. 그는 삶에서 간증거리가 많았지만, 한 번의 실수를 통해 하나님의 징계를 받게 되었을 때 '감사합니다, 지금까지의 수많은 간증거리만으로도 충분합니다'라고 고백했습니다. 사도 바울도 만찬가지입니다. 그렇게 기도해도 낫지 않는 몸의 질병, 육체의 가시를 달고 다니면서도 "내 은혜가 네게 족하도다"(고후 12:9)라고 말씀하신 하나님의 뜻에 순종하며 자신은 도리어 약할 때 강해진다고 고백했습니다. 저는 이런 믿음의 선배들을 볼 때 자기 위치, 자기 한계를 잘 아는 것이 행복이라는 생각이 듭니다. 주제 넘는 생각을 하고 헛된 마음을 가질 때 거기서부터 낙망과 불평이 오기 때문입니다.

다윗은 솔로몬에게 "모든 공사에 유능한 기술자가 기쁜 마음으로 너와 함께할 것"(대상 28:21)이라 말하며 그를 격려합니다. 이는 매우 중요한 말씀입니다. 다윗이 성공적으로 왕의 직분을 수행할 수 있었던 것은 그에게 많은 참모들이 있었기 때문입니다. 그들은 시세를 아는 자, 용감한 자, 적진 한복판에 있는 우물에서 물을 떠 올 정도로 대장을 위해서라면 목숨을 걸고 헌신하는 참모들이었습니다. 어려움 속에서 함께 부대끼면서 짙은 파트너십이 형성된 것입니다.

사도 바울도 그렇습니다. 그의 서신서 끝에는 늘 동역자들의 이름이 쭉 열거됩니다. 로마서 16장에 보면 "겐그레아 교회의 일꾼으로 있는 우리 자매 뵈뵈"(롬 16:1), "브리스가와 아굴라에게 문안하라"(롬 16:3-4), "많이 수고한 마리아에게 문안하라"(롬 16:6)라고 기록하고 있습니다. 바울은 수십 명의 동역자들이 함께 목숨 걸고 사역했기 때문에 두려움 가운데서도 행복했던 것입니다.

'공사 중입니다'

이완수 시인의 《당신의 길》(월간문학출판부)이라는 책이 있습니다. 이 책에서 그는 우리 삶을 '공사 중'이라고 말합니다. 공사 중인 곳에 가 보면 어떻습니까? 한마디로 엉망진창입니다. 벽돌이 쌓여 있고 골조가 툭툭 튀어나와 있고, 흉측하고 위험합니다. 이는 미숙하고 철없는 우리의 모습과 흡사합니다. 완전하지 않은 것입니다. 이런 우리의 앞날을 생각하면 불안하고 힘든 게 사실입니다. 이때 내 힘으로만 하려고 하면 안 됩니다. 하나님의 도우심을 구해야 합니다. 그때 하나님은 우리를 돌보시고 만남의 복을 주십니다. 돕는 배필을 허락해 주십니다. 이것을 항상 기억해야 합니다.

하나님은 우리를 계속해서 다듬어 가십니다. 우리의 인격을 공사하시는 것입니다. 여기에는 많은 시간이 필요합니다. 로마서 8장은 하나님이 "미리 정하신 그들을 또한 부르시고 부르신 그들을 또한 의롭다 하시고 의롭다 하신 그들을 또한 영화롭게 하셨느니라"(30절)고 말씀합니다. 이는 한 번에 되지 않습니다. 길고 긴 세월과 과정이 필요합니다. 그 시간들이 바로 공사 중에 해당하는 것입니다.

그런데 그 과정을 견디는 것이 매우 고통스럽습니다. 그만큼 다듬는 과정이 힘들기 때문입니다. 그러다 보면 공사를 중단하고 싶은 마음이 들게 됩니다. 그럴 때마다 하나님은 말씀하십니다. "마음을 강하고 담대히 하라. 두려워하지 말고 놀라지 말라. 기권하지도 말고 포기하지도 말라. 이 역사를 마치기까지, 이 공사를 마치기까지, 세상 끝 날까지 내가 너와 함께할 것이다."

하나님이 함께하신다는 '임마누엘'은 구약성경의 축복이고 특권이며 영광입니다. 하나님은 누구와 함께하십니까? "나를 사랑하는 자들이 나의 사랑을 입으며 나를 간절히 찾는 자가 나를 만날 것이니라"(잠 8:17). 하나님은 구하고 찾고 두드리는 자에게 열어 주신다고 말씀하셨습니다. 한계선상에 서서 도전과 비전과 응전의 삶을 살아가는 사람이 주님을 만나는 것입니다.

우리는 아직 공사 중입니다. 그렇기에 우리의 모습에서 거칠고 연약한 부분들이 많이 노출되더라도 두려워하거나 놀라지 말아야 합니다. 포기하거나 부끄러워하지 말아야 합니다. 하나님은 이런 부족한 우리를 위해 돕는 배필, 기쁜 마음으로 도와줄 유능한 기술자를 예비해 주십니다.

유능한 기술자의 기쁜 마음

다윗은 어려서부터 지극히 작은 일에도 충성했습니다. 사자와 곰으로부터 양을 지키는 충성됨, 그 중심을 보신 하나님이 그를 골리앗의 손에서 이스라엘을 지키는 자가 되도록 들어 쓰신 것입니다. 성경은 이런 다윗에 대해 "그가 그들을 자기 마음의 완전함으로 기르고 그의 손의 능숙함으로 그들을 지도하였도다"(시 78:72)라고 말씀합니다. 이는 다윗의 마음이 완전하고 성실하며 그의 솜씨가 뛰어났다는 것입니다. 돌팔매질 하나만 봐도 골리앗의 이마 정중앙에 맞출 수 있을 정도로 탁월한 실력이 있었다는 것입니다. 그런 다윗이 솔로몬에게 부탁합니다. 하나님을 가까이하고 하나님의 말씀에 철저히 순종하라는 것입니다. 그러면 하나님이 돕는 일꾼을 붙여 주실 거라는 것입니다.

실력이란 하루아침에 생기는 것이 아닙니다. 피와 땀을 흘리며 노력하고 연습하는 과정을 통해, 반복적인 훈련을 통해 갖추어 가는 것입니다. 이는 신앙에 있어서도 마찬가지입니다. 깊은 기도와 꾸준한 성경 읽기를 통해 믿음이 쌓이는 것입니다. 처음부터 잘하는 사람은 없습니다. 숙련공이 되고 기술자가 되기 위해서는 피나는 노력을 해야 합니다.

그러나 기술자만 되어서는 안 됩니다. 기술이 있고 유능할 뿐 아니라 인격이 뒷받침되어야 합니다. 이는 그 마음에 늘 구원의 기쁨을 잃지 않고 감사의 샘이 솟는 그런 사람이 되라는 것입니다. 다윗이 그렇게 살았습니다. 다윗은 사역뿐 아니라 신앙과 인격까지 두루 갖춘 사람이었습니다.

하나님이 어떤 일을 맡기실 때 두려워하지 마십시오. 하나님은 감당할 수 있는 일을 맡기십니다. 뿐만 아니라 감당할 수 있는 힘과 능력을 허락하십니다. 돕는 배필과 기쁜 마음으로 행하는 유능한 기술자를 붙여 주십니다. 가끔은 벼랑 끝에서 하나님이 우리를 밀어 떨어뜨리신다고 생각될 때가 있습니다. 그럴 때마다 독수리가 날개 쳐 올라감같이 하나님이 받쳐 주실 거라는 믿음으로 마음을 강하고 담대하게 하십시오. 하나님은 우리를 죽게 내버려두는 분이 아니십니다.

우리에게 돕는 배필을 허락하시는 하나님은 우리 또한 돕는 배필이 될 것을 요구하십니다. 하나님이 허락하신 동역자로 인해 실력 있는 사람이 되었다면, 또한 믿음 있는 사람이 되었다면 이제는 우리가 기쁜 마음으로 베풀 수 있는 돕는 배필이 되어야 합니다. 하나님은 우리가 그렇게 복 있는 사람, 영향력을 미치는 사람이 되기를 원하십니다.

4. 가정 사역 전문가

"여호와 하나님이 이르시되 사람이 혼자 사는 것이 좋지 아니하니 내가 그를 위하여 돕는 배필을 지으리라 하시니라 여호와 하나님이 흙으로 각종 들짐승과 공중의 각종 새를 지으시고 아담이 무엇이라고 부르나 보시려고 그것들을 그에게로 이끌어 가시니 아담이 각 생물을 부르는 것이 곧 그 이름이 되었더라 아담이 모든 가축과 공중의 새와 들의 모든 짐승에게 이름을 주니라 아담이 돕는 배필이 없으므로 여호와 하나님이 아담을 깊이 잠들게 하시니 잠들매 그가 그 갈빗대 하나를 취하고 살로 대신 채우시고 여호와 하나님이 아담에게서 취하신 그 갈빗대로 여자를 만드시고 그를 아담에게로 이끌어 오시니 아담이 이르되 이는 내 뼈 중의 뼈요 살 중의 살이라 이것을 남자에게서 취하였은즉 여자라 부르리라 하니라 이러므로 남자가 부모를 떠나 그의 아내와 합하여 둘이 한 몸을 이룰지로다 아담과 그의 아내 두 사람이 벌거벗었으나 부끄러워하지 아니하니라"(창 2:18-25).

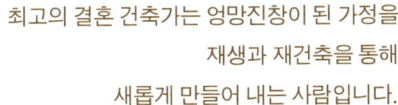

최고의 결혼 건축가는 엉망진창이 된 가정을
재생과 재건축을 통해
새롭게 만들어 내는 사람입니다.

많은 사람들이 첫사랑에 실패하는 이유가 무엇일까요? 서툴고 미숙해서 잘 모르기 때문입니다. 경험이 없어서 실패하는 것입니다. 사랑도 배워야 합니다. 씨름에는 기술이, 수학에는 공식이, 과학에는 법칙이 있는 것처럼, 성도는 말씀과 기도 가운데 자신을 다듬고 배워 가면서 사랑받고 사랑할 수 있는 사람으로 성장해 가야 합니다.

성경은 완벽한 가정을 제시하지 않습니다. 가정을 이루는 구성원인 인간 자체가 불완전한 존재이기 때문에 완벽한 가정이란 애초에 불가능합니다. 성경에서 쓰임 받은 사람들은 모두 공과가 있고 장·단점이 분명한 이들이었습니다. 그러나 그들을 통해 하나님은 그 뜻을 이루셨습니다. 이처럼 성경은 성공 스토리나 장점만을 기록하지 않습니다. 오히려 단점을, 문제를 드러낸 후 그 문제를 통해 하나님에게로 더 가까이 나아가는 모습들을 이야기하고 있습니다.

돕는 배필

래리 크랩의 《결혼 건축가》(두란노 역간)에 보면 '가정을 세워 가는 것은 빌딩을 세워 가는 것과 같다'고 이야기합니다. 성경 말씀 속에서 설계도면을 찾고 최고의 행복, 사랑 설계사가 되어 토목 공사를 하고, 골재를 세우며, 조명, 전망, 인테리어 등을 하는 것입니다.

최고의 결혼 건축가는 엉망진창이 된 가정을 재생과 재건축을 통해 새롭게 만들어 내는 사람입니다. 이는 예수님을 만나고 나면 겁쟁이가 담대해지고, 환자가 치유 받고 회복되어서 건강해지는 것처럼, 티격태격 싸우고 아옹다옹하며 새삼 맞지 않을 것 같은 관계가 환상의 파트너가 되게 하는 것입니다.

창세기 2장은 아담과 하와를 결혼시키는 성경 최고의 가정 이야기입니다. 천지만물을 만드신 하나님은 일곱 번에 걸쳐

'좋았다'고 말씀하셨습니다. 그러다 처음으로 '좋지 않다'고 말씀하시는 구절이 창세기 2장 18절입니다. "사람이 혼자 사는 것이 좋지 아니하니." 사람 인(人)자는 서로가 서로를 의지하고 기대어 있는 모양으로 되어 있습니다. 사람은 서로 의지하고 살아가도록 만들어졌다는 것입니다.

하나님은 혼자 사는 것이 좋지 않음을 보시고 아담에게 돕는 배필을 허락해 주셨습니다. 여기서 돕는 배필이란 각각의 배우자를 의미하지만, 넓은 의미에서는 서로 관계를 맺고 도움을 주고받으며 살아가는 모든 관계를 뜻하는 것으로도 볼 수 있습니다. 그런데 사람과 사람이 서로를 의지하다 보면 그 사이에서 갈등이 야기됩니다. 그러면서 미운 정, 고운 정이 드는 것입니다.

하나님은 사람이 혼자 사는 것이 좋지 않아 돕는 배필을 지어 주셨는데 우리는 살아가면서 자꾸만 욕심을 부립니다. 자신이 바라는 배필을 찾지 마십시오. 바라고 기대하면 실망할 수밖에 없습니다. 더 사랑하면 더 많이 상처받게 되어 있습니다. 이 세상은 '믿는 도끼에 발등 찍히는 세상'입니다. 사람을 믿거나 의지하지 마십시오. 우리가 의지할 분은 오직 하나님뿐이십니다. 하나님과의 관계를 잘 설정하십시오. 하나님이 우리에게 알맞은 돕는 배필을 허락해 주실 것입니다.

그런데 기억할 것이 있습니다. 우리 또한 누군가에게는 돕는 배필이라는 것입니다. 우리는 이 땅을 살아가면서 바라기만 해서는 안 됩니다. 주는 자가 복되고 섬기는 자가 큰 자라는 것을 늘 기억하십시오.

최고의 결혼 건축가는 하나님

가정생활이란 최고의 아티스트가 되는 것입니다. 함께 기도하며 서로에게 유익한 사람이 되어 가는 것입니다. 아내의 약함을 남편이 도와주고, 남편의 어리석음을 아내가 지혜로 돕는 것이 진정한 돕는 배필의 모습입니다. 이러한 과정을 통해 백해무익한 것 같은 인간이 세월이 지나면서 유익한 사람으로 변해 가는 것입니다.

"여호와 하나님이 흙으로 각종 들짐승과 공중의 각종 새를 지으시고 아담이 무엇이라고 부르나 보시려고 그것들을 그에게로 이끌어 가시니 아담이 각 생물을 부르는 것이 곧 그 이름이 되었더라"(창 2:19). 하나님은 성질이 똑같은 사람을 만드는 법이 없으십니다. 각종 들짐승과 공중의 새를 지으셨고, 남성과 여성을 만드셨습니다.

사람마다 생각이 다르고 취향이 다른 것처럼, 사람들 각각의 신앙은 물론, 그 마음도 다르고 감정도 다릅니다. 우리가 이 세상에서 힘들고 갈등이 일어나는 것은 이 때문입니다. 모두가 나와 다르기 때문입니다. 그런데 하나님은 나와 똑같은 사람을 붙여 주시는 법이 없습니다. 하나님은 우리에게 풍성하고 다채로운 관계를 허락하십니다. 남편이 못 하는 것은 아내가 하고, 아내가 못 하는 것은 남편이 하는 가정이 아름다운 공동체입니다. 전혀 소리가 맞지 않는 불협화음 같은데 거기서 아름다운 하모니를 내는 것입니다.

"여호와 하나님이 아담에게서 취하신 그 갈빗대로 여자를 만드시고 그를 아담에게로 이끌어 오시니"(창 2:22). 하나님은 여자를 만드시고 그를 아담에게로 이끌어 오셨습니다. 우리는 살면서 내 주장, 내 욕심이 별게 아니었다는 것을 시간이 지난 후 깨닫게 됩니다. 반대로 하나님이 강권적으로 주셨던 것들이 대부분 좋은 것이었음을 깨닫게 됩니다. 결혼도 마찬가지입니다. 내가 골라잡아서, 내가 선택해서 행복한 파트너를 만나는 게 아닙니다. 하나님이 이끌어 주신 사람, 하나님이 짝지어 주신 사람이 최상이고 최고입니다.

"사람이 마음으로 자기의 길을 계획할지라도 그의 걸음을 인도하시는 이는 여호와시니라"(잠 16:9). 하나님은 아담에게 필요충분하고 완전한 존재인 하와를 만드셔서 아담에게 이끌어 주셨습니다. 이렇게 볼 때 하나님은 최고의 중매쟁이십니다. 하나님의 인도하심을 사모하고 기도하며 기다리십시오. 하나님은 나에게 가장 잘 맞는 사람, 나의 돕는 배필을 감추어 두셨다가 기도하며 부르짖을 때 만남의 축복으로 인도하십니다.

당신은 이미 '가정 사역 전문가'

"이러므로 남자가 부모를 떠나 그의 아내와 합하여 둘이 한 몸을 이룰지로다"(창 2:24). 부모를 떠나라는 것은 불효하라는 말이 아닙니다. 이제는 홀로서기요, 독립을 해야 한다는 것입니다. 인생은 떠남의 연속입니다. 그렇기에 떠날 때는 잘 떠나야 합니다. '아내와 합하여 둘이 한 몸을 이룬다'는 것은 결혼을 시작으로 모든 것을 배우자와 같이해야 한다는 것입니다. 그럴 때 부부가 닮아 가는 것입니다.

"아담과 그의 아내 두 사람이 벌거벗었으나 부끄러워하지 아니하니라"(창 2:25). 가정은 흉허물을 덮어 주는 곳이 되어야지, 상대방의 약점을 물고 늘어지는 곳이 되어서는 안 됩니다. 하나님이 우리를 어떻게 대해 주셨는지를 늘 기억하십시오.

하나님이 우리를 대하실 때 우리가 행한 대로 갚으신다면 살아남을 수 있는 사람이 아무도 없습니다.

하나님은 우리에게 은혜와 긍휼과 평강을 주십니다. 은혜란 무엇입니까? 사랑할 가치도 없는 우리를 계속 사랑해 주시고, 공짜로 구원이라는 선물을 내려 주신 것입니다. 긍휼은 무엇입니까? 사랑할 자질도 없는 우리를 그저 불쌍하고 마음 짠하게 여기시면서 늘 물가에 세워 놓은 아이처럼 여겨 주시는 것입니다. 그렇기에 우리가 이렇게 살아남은 것입니다.

하나님의 본심은 저주가 아니라 평강입니다. 가정이 이만큼 건사될 수 있는 이유는 하나님이 은혜를 베풀어 주셨기 때문입니다. 어느 가정이든 문제없는 가정은 없습니다. 문제가 있기 때문에 겸손하고, 그것 때문에 기도하다가 진짜배기 복을 받는 것입니다.

하나님은 연약하기 짝이 없고 서툴고 미숙한 우리를 부르셔서 최고의 건축가로 만들어 주십니다. 그렇기 때문에 누구든지 가정 사역의 베테랑 전문가가 될 수 있습니다. 미숙하고 서투른 삶에 머물지 마십시오. 말씀과 기도 가운데 자신을 새롭게 해서 하나님 앞에 행복한 가정, 건강한 가정, 쓰임 받는 가정으로 만들어 가십시오. 당신은 이미 하나님이 부르신 '가정 사역 전문가'입니다.

5. 너는 그리스도의 편지라

"우리가 다시 자천하기를 시작하겠느냐 우리가 어찌 어떤 사람처럼 추천서를 너희에게 부치거나 혹은 너희에게 받거나 할 필요가 있느냐 너희는 우리의 편지라 우리 마음에 썼고 뭇 사람이 알고 읽는 바라 너희는 우리로 말미암아 나타난 그리스도의 편지니 이는 먹으로 쓴 것이 아니요 오직 살아 계신 하나님의 영으로 쓴 것이며 또 돌 판에 쓴 것이 아니요 오직 육의 마음 판에 쓴 것이라"(고후 3:1-3).

> 성경은 우리를 가리켜
> 그리스도의 편지요,
> 그리스도의 향기라고 말씀합니다.

사랑하는 사람에게 편지를 받는다는 건 매우 설레고 기분 좋은 일입니다. 잠언 25장 25절은 "먼 땅에서 오는 좋은 기별은 목마른 사람에게 냉수와 같으니라"고 말씀합니다.

사도 바울은 고린도교회 성도들을 "너희는 … 그리스도의 편지"(고후 3:3)라고 소개합니다. 이는 매우 아름다운 의미지만 본문의 전체적인 배경은 사도 바울이 자신을 변호하는 내용입니다. 고린도교회는 사도 바울이 복음을 전해서 개척한 교회입니다. 이들은 복음을 잘 듣고 배워서 은혜 가운데 성장해 나갔습니다. 그런데 거짓 사도와 이단들 때문에 교회가 변질되어 버렸습니다. 그리고 결국엔 미혹된 성도들이 사도 바울의 사도권을 공격하기 시작했습니다. 이에 자신을 변호하기 위해 쓴 편지가 바로 고린도후서의 내용입니다.

삶으로 증명되는 믿음

지금도 그렇지만, 사도 바울 당시에는 사회적으로 추천서가 중요했습니다. 누구의 추천을 받느냐가 매우 중요했습니다. 사람들이 사도 바울의 사도성을 의심하기 시작했습니다. 누구의 추천서를 받아서 사도의 직분을 감당하느냐는 것이었습니다. 이에 바울은 "이는 먹으로 쓴 것이 아니요 오직 살아 계신 하나님의 영으로 쓴 것이며 또 돌 판에 쓴 것이 아니요 오직 육의 마음 판에 쓴 것이라"(고후 3:3) 말하며 '너희가 바로 나의 추천서다'라고 이야기합니다. '내가 복음을 전하고 예수를 믿게 한 너희가, 복음 안에서 성장한 교회를 이루고 있는 너희가 바로 나를 보증하는 추천서다'라는 것입니다.

사도 바울은 종종 성도들을 "나의 기쁨이요 면류관"(빌 4:1), "그리스도의 향기"(고후 2:15), "그리스도의 편지"(고후 3:3)라고 소개했습니다. '그리스도의 향기'란 무슨 뜻입니까? 더럽고 악취가 풍기는 세상 가운데서 그리스도의 향기를 내뿜는 존재라는 것입니다. '그리스도의 편지'란 무슨 뜻입니까? 부고장 돌리듯 우울한 소식을 전하는 사람이 아니라 존재 자체가 메시지라는 것입니다.

예수님은 우리를 가리켜 "세상의 소금 … 세상의 빛"(마 5:13-14)이라고 말씀하셨습니다. '세상의 소금'이란 무슨 뜻입니까? 교회 안에서의 소금이 아닙니다. 썩어 가는 세상 속에서 방부제 역할을 감당하라는 것입니다. '세상의 빛'은 무엇입니까? 혼란스럽고 어두운 세상에서 빛이 되라는 것입니다. 여기서 빛은 스스로 발산하는 것이 아닙니다. 어두운 세상에 한 줄기 빛으로 오신 예수 그리스도의 빛을 반사하는 반사체가 되어 세상을 밝히라는 것입니다.

어두운 세상을 불평하거나 원망하지 마십시오. 그 자리에서 일어나 주님의 빛을 발하면 됩니다. 어두운 방에 들어가서 "어둠아, 물러가라!" 하고 소리칠 필요가 없습니다. 스위치를 켜면 됩니다. 스위치만 켜면 환해집니다. 그렇다면 캄캄하고 어두운 우리 인생에 있어 스위치는 무엇입니까? 하나님이십니다. 하나님이 우리 인생의 스위치가 되어 주십니다.

그리스도의 편지가 되라

편지, 곧 글이 주는 위대한 힘이 있습니다. 마틴 루터가 종교 개혁에 성공할 수 있었던 이유 중 하나는 그가 많은 책과 찬양 가사를 썼기 때문입니다. 몸이 많이 약했던 칼빈은 늘 서재에서 시간을 보내던 중 성경 속에서 '인간은 오직 하나님의 영광을 위해 살아가는 존재'라는 진리를 발견하게 되었습니다. 이들은 이처럼 성경 속에서 답을 찾았습니다.

가벼운 글들이 홍수를 이루는 시대에도 세상을 변화시키는 중심에는 하나님 앞에 씨름하고 고뇌하면서 적은 글들이, 편지가, 신앙 고백들이 있었습니다. 이처럼 우리는 그리스도의 복음의 편지, 좋은 소식을 전하는 사람이 되어야 합니다. 그러기 위해서는 쓴 물이 아닌 좋은 물을 흘려보내야 합니다. 부정적인 말, 부정적인 생각이 아닌 하나님이 기뻐하실 칭찬의 말, 힘이 되는 생각을 흘려보내야 합니다. 그럴 때 하나님이 기뻐하십니다.

가정에서나 삶 속에서 좋은 것을 흘려보내기 위해 애쓰십시오. 좋은 것을 흘려보내기 위한 방법 중에 하나는 신앙의 일기를 쓰는 것입니다. 이순신 장군이 임진왜란 당시 '난중일기'를 적었듯이, 사도 바울이 감옥에서 '옥중서신'을 적었듯이 말입니다. 그러나 이보다 더 좋은 방법은 우리 스스로 '인간 편지'가 되는 것입니다.

성경은 우리를 가리켜 그리스도의 편지요, 냄새 나는 이 세상을 정화시키는 그리스도의 향기라고 말씀합니다. 또한 어두운 세상을 맑히고 밝히는 소금과 빛이 되라고 말씀합니다. 복음을 알지 못하는 사람들에게 기쁨의 소식을 전하는 그리스도의 편지와 향기가 되십시오. 어두운 세상에서 빛을 발하는 그리스도의 빛이 되십시오. 그리고 썩어 가는 세상을 소생시키는 소금이 되십시오. 하나님은 이런 우리를 통해 당신을 드러내길 원하십니다.

2부

성품이 아름다운 성도

6. 경건미인

"가이사랴에 고넬료라 하는 사람이 있으니 이달리야 부대라 하는 군대의 백부장이라 그가 경건하여 온 집안과 더불어 하나님을 경외하며 백성을 많이 구제하고 하나님께 항상 기도하더니 하루는 제 구 시쯤 되어 환상 중에 밝히 보매 하나님의 사자가 들어와 이르되 고넬료야 하니 고넬료가 주목하여 보고 두려워 이르되 주여 무슨 일이니이까 천사가 이르되 네 기도와 구제가 하나님 앞에 상달되어 기억하신 바가 되었으니 네가 지금 사람들을 욥바에 보내어 베드로라 하는 시몬을 청하라"(행 10:1-5).

> 우리는 물꼬를 틔우는 사람,
> 숨통을 틔우는 사람, 쓰임 받는 사람,
> 곧 '경건미인대칭'의 사람이 되어야 합니다.

성도가 보여 주는 아름다움은 '경건미'입니다. '저 사람은 하나님을 닮았다', '저 사람은 천사표다'라고 할 때 이것을 경건미라고 합니다. 예수 믿는 사람은 어디를 가든지 신령하다, 경건하다는 말을 들어야 합니다.

'미인대칭'이란 말이 있습니다. '얼굴에는 미소가, 만나면 인사를, 인사 속에는 대화가, 대화 속에는 칭찬이' 있어야 한다는 뜻입니다. 성도는 미소 짓는 얼굴이 되어야 합니다. 그리고 인사성이 밝아야 합니다. 인사성이 밝은 사람은 어디서든 사랑받고 존경받습니다. 또한 대화가 가능한 사람, 말이 통하는 사람이 되어야 합니다. 그리고 무엇이든지 칭찬하는 사람이

2부 · 성품이 아름다운 성도 63

되어야 합니다. 마지막으로 성도는 여기에 경건을 더해서 '경건미인대칭'의 사람이 되어야 합니다.

예수님에게 믿음으로 인정받은 이방인

고넬료는 매우 독특한 사람이었습니다. 첫째, 그는 복음의 숨통을 틔운 사람이었습니다. 복음이 유대인의 세계에 갇혀 있을 때, 고넬료라는 한 이방인을 통해 복음이 물꼬가 트이듯이 열방으로 확 퍼져 나가는 결정적인 계기가 되었기 때문입니다.

둘째, 그는 군대의 백부장이었습니다. 군인은 특수 조직에 갇혀 있는, 상명하달(上命下達)에 갇혀 있는 자유가 없는 신분입니다. 엄격하게 통제된 사회에 갇혀 있는 사람입니다. 그런데 그는 새털처럼 자유로운 사람이요, "그가 경건하여 온 집안과 더불어 하나님을 경외하며"(행 10:2), 가족들과 화목하게 살았음을 알 수 있습니다. 가장 힘든 가족 전도에 성공한 것입니다.

"여호와를 경외하는 것이 지식의 근본이거늘"(잠 1:7). 고넬료는 기초가 튼튼한 사람이요, 백성을 많이 구제하고 하나님에게 항상 기도하는, 수직적으로는 하늘 문이 열린 사람이요,

수평적으로는 이웃을 섬기며 돕는 사람이었습니다. 그런 그의 기도와 구제가 하나님에게 상달된 것입니다(행 10:4 참조). 그래서 이방인이며 정복자로 살아가는 군인이었음에도, 역사의 아웃사이더였음에도 당대 최고의 영적 지도자인 베드로를 초청할 수 있었던 것입니다. 그러면서 역사의 아웃사이더가 본류가 되고, 주류가 되고, 결국엔 일류가 된 것입니다.

사람이 좋게 변하는 건 기적과도 같습니다. 그런데 그중에서도 내가 그렇게 바뀌는 것은 가장 놀라운 기적입니다! 고넬료는 그런 기적을 일궈 낸 사람, 곧 경건미인대칭에 해당하는 사람이었습니다. 성도는 이와 같아야 합니다. 세월이 흐를수록 교회 다니는 사람인 것이, 예수 믿는 사람인 것이 삶으로 드러나야 합니다. 경건미가 있어야 하는 것입니다.

그동안 이스라엘 백성은 밑 빠진 독에 물을 붓는 것처럼 살아갔습니다. 그런데 사도행전 10장에서 고넬료라는 한 사람이 꽉 막힌 복음의 물꼬를 트면서, 축복의 통로가 되면서 이때부터 유대인들에게만 갇혀 있던 복음이 세계 열방으로 퍼져 나가기 시작했습니다. 바로 이 일에 결정적으로 쓰임 받은 사람이 고넬료입니다. 우리는 문제를 일으키는 사람이 아니라 문제를 해결하는 사람이 되어야 합니다.

내가 변하는 것이 기적

하나님은 환경이나 조건이 전혀 뒷받침되지 않는 가운데서 기적을 베푸십니다. 고넬료를 비롯한 성경에 나오는 대부분의 인물들의 삶이 그랬습니다.

모세는 80 평생을 내리막길로 내달리며 유리방황해야 했지만 하나님을 만난 이후 120세까지 기력이 쇠하거나 눈이 흐리지 않고 온전히 쓰임 받았습니다. 다니엘은 망한 나라와 불타는 성전을 뒤로하고 혈혈단신 이역만리 포로수용소로 끌려갔음에도 총리대신을 세 번이나 감당할 정도로 쓰임 받고 인정받는 사람이 되었습니다. 정권이 바뀌고 제국이 바뀌어도 변함이 없었습니다. 최악의 상황에서 최고로 멋진 사람이 된 것입니다. 요셉은 어떻습니까? 형들에게 인신매매를 당하는 인생 막장까지 갔음에도 성경은 그의 "용모가 빼어나고 아름다웠더라"(창 39:6)고 말씀합니다. 경건미인이라는 것입니다.

앞서 말했듯이, 기적 중의 기적은 내가 변하는 것입니다. 인생의 고난의 과정을 거치면서 인격이 다져지고 연단되어 쓴 뿌리는 빠지고 철저히 하나님의 사람으로 거듭나서 경건미인 대칭이 되는 삶을 살아야 합니다. 성도는 이를 위해 끊임없이 노력해야 합니다.

환경, 조건, 배경, 분위기를 내세워 변명하지 마십시오. 믿음의 선배들은 최악의 상황에서 최상의 삶을 살았습니다. 밤이 어두울수록 새벽별이 더욱 반짝이듯이 믿음의 사람들은 그렇게 살아간 것입니다.

우리도 고넬료처럼…

신앙의 본질은 말씀과 기도와 전도 그리고 사귐에 있습니다. 성도는 이 네 가지 부분에서 강해야 합니다. 그런데 고넬료는 이를 모두 갖춘 사람이었습니다. 성도 중에도 그와 같은 사람들이 있습니다. 가끔 심방을 하다 보면 누가 목사고 누가 성도인지 분간이 잘 안 되는 사람이 있는데, 그런 사람이 참 멋있는 성도입니다.

고넬료는 백성을 많이 구제했습니다. 이는 받은 복이 있어야 가능한 일입니다. 받은 복이 있어야 나누어 줄 수 있기 때문입니다. 그런데 복을 받았음에도 나누지 못하는 사람들이 있습니다. 좀 더 높은 곳을 향해 줄기차게 밀어붙이고 싶은 마음이 있기 때문입니다. 아직은 사람 욕심, 일 욕심을 내면서 최고, 최대, 최상, 최선을 향해 지사충성(至死忠誠), 일사각오(一死覺悟)

로 나가고 싶은 것입니다. 그러나 성령님이 만지시면 야생마가 준마가 되고, 거친 형상이 하나님의 형상을 회복하게 됩니다. 고넬료처럼 위로는 여호와를 경외하고, 옆으로는 많은 백성을 구제하는, 경건미가 뚝뚝 떨어지는 사람이 되는 것입니다.

자격이 안 되는데도, 문제가 많은데도 하나님이 끝까지 사랑해 주시는 사람은 행복한 사람입니다. 하나님은 한 번도 우리를 포기한 적이 없으십니다. 우리가 포기하고 딴짓하고 엉뚱해지는 것입니다. 고넬료는 포기하지 않았습니다. 그래서 역사의 아웃사이더에서 독보적인, 비교 불가능한, 대체 불가능한 존재가 되었습니다. 우리도 고넬료처럼 나만의 향기를, 나만의 캐릭터를, 나만의 품격을 갖추어야 합니다.

고넬료는 베드로를 초청할 정도로 최고의 영적인 센터가 되었습니다. 그런데 사도행전에 이와 비슷한 사례가 등장합니다. 브리스길라와 아굴라입니다. 이들은 사도 바울의 동업자이며 동역자로서, 같이 천막 만드는 일을 하면서 사도 바울의 복음 전도 사역에도 동참했습니다. 이들은 사도 바울이 로마서 16장에서 "그들은 내 목숨을 위하여 자기들의 목까지도 내놓았나니"(4절)라고 고백할 정도로 바울과 동역했으며, 늘 자비량으로 선교하는 타의 귀감이 되는 부부였습니다.

이런 그들이 아볼로를 집으로 불러들입니다. 아볼로는 당대 최고의 학자였습니다. 그런데 평범한 한 부부가 아볼로를 자신의 집에 초청해서 한 수 가르쳐 주었습니다. 아볼로라는 대학자가 브리스길라와 아굴라의 가정에 가서 한 수 배워 성령의 역사를 깨닫게 된 것입니다.

저는 고넬료를 보면 사무엘이 생각납니다. 사무엘은 일평생 그의 말이 한마디도 땅에 떨어지지 않았습니다. 그가 예언하고 기도한 모든 것들이 응답되었습니다. 그런데 고넬료도 마찬가지입니다. "천사가 이르되 네 기도와 구제가 하나님 앞에 상달되어 기억하신 바가 되었으니"(행 10:4). 하나님 앞에 영적 마일리지가 차곡차곡 쌓인 것입니다.

아름다운 신앙 인격, 경건미인대칭

'진인사대천명(盡人事待天命), 하나님 100퍼센트, 사람 100퍼센트.' 저는 이 말을 참 좋아합니다. 사람이 최선을 다해서 충성하면, 죽기까지 열심히 하면 하나님이 반드시 응답하신다는 뜻입니다. 하나님은 반드시 찾는 자를 만나 주시고, 두드리는 자에게 열어 주시며, 사모하고 갈급한 자를 흡족하게 하십니다. 고넬료는 항상 기도하고 많이 구제하는 사람이었습니다.

이것이 곧 그의 인격이요, 라이프스타일이었습니다.

"먼저 된 자로서 나중 되고 나중 된 자로서 먼저 될 자가 많으니라"(마 19:30)는 말씀을 기억하십시오. 끝까지 포기하지 않고 최후 승리를 얻을 때까지 신앙을 지키며 버티면, 항상 기뻐하고, 쉬지 않고 기도하며, 범사에 감사하면, 신앙 인격이 경건미인대칭이 되어 사람들에게 인정받고 칭찬받는 날이 올 것입니다. 더 나아가 하나님에게 인정받고 칭찬받게 될 것입니다.

연말이면 방송국마다 시상식을 합니다. 많은 연예인들이 상을 받으며 저마다 감사의 말을 전합니다. 그중 한 연예인의 수상 소감이 기억납니다. 상을 받고 난 후 첫마디가 "저를 여기까지 이끌어 주신 하나님께 영광을 돌립니다"였습니다. 공개적인 곳에서의 신앙 고백이란 보통 어려운 게 아닙니다. 이 사람이 바로 경건미인대칭의 사람입니다.

하루아침에 변하기를 기대하지 마십시오. 주님이 다루시는 시간들을 인내해야 합니다. 그렇게 바뀌어 가는 것입니다. 우리는 이러한 성숙을 이루어 가는 삶의 변화를 추구해야 합니다. 하나님 앞에 기도하십시오. 새벽을 깨우십시오. 우리도 고넬료처럼 물꼬를 틔우는 사람, 숨통을 틔우는 사람, 쓰임 받는 사람, 곧 '경건미인대칭' 하는 사람이 되어야 합니다.

기적 중의 기적은 내가 변하는 것입니다.
인생의 고난의 과정을 거치면서 인격이 다져지고 연단되어
쓴 뿌리는 빠지고 철저히 하나님의 사람으로 거듭나서
경건미인대칭이 되는 삶을 살아야 합니다.
성도는 이를 위해 끊임없이 노력해야 합니다.

7. 생각, 말, 행동, 인품

"네가 만일 네 입으로 예수를 주로 시인하며 또 하나님께서 그를 죽은 자 가운데서 살리신 것을 네 마음에 믿으면 구원을 받으리라 사람이 마음으로 믿어 의에 이르고 입으로 시인하여 구원에 이르느니라 성경에 이르되 누구든지 그를 믿는 자는 부끄러움을 당하지 아니하리라 하니 유대인이나 헬라인이나 차별이 없음이라 한 분이신 주께서 모든 사람의 주가 되사 그를 부르는 모든 사람에게 부요하시도다 누구든지 주의 이름을 부르는 자는 구원을 받으리라"(롬 10:9-13).

우리는 어떤 생각을 하며 살아야 할까요?
'내 생각'도 '네 생각'도 아닙니다.
바로 '주 생각'입니다.

    우리가 마음으로 생각하고 입으로 시인하는 것이 무엇이냐에 따라 우리 삶은 달라질 수 있습니다. 생각에 따라 관심이, 관심에 따라 사고방식이 결정되어 결국엔 그것이 그 사람만의 독특한 인생철학, 가치관으로 형성되기 때문입니다.

    그렇다면 우리 인생을 후회와 부끄러움이 없는 사랑과 행복의 삶으로 만들어 가기 위해서는 어떻게 해야 할까요? 첫째는, 생각을 잘해야 합니다. 둘째는, 말을 잘해야 합니다. 셋째는, 행동을 잘해야 합니다. 그리고 넷째는, 인품이 좋아야 합니다. 언행심사(言行心事)를 통해 신언서판(身言書判)이 만들어지고, 미인대칭, 경건미인, 팔복구열 등의 성품으로 변화되어 가는 것입니다.

이 중 제일 중요한 것은 생각입니다. 행복도, 불행도, 건강도 다 여기에서부터 시작됩니다. 생각 중에서도 골든타임, 곧 생각의 첫 단추가 중요한데, 한번 잘못 판단하면, 한번 오해하면 천국과 지옥이 갈라지기 때문입니다. 그렇기에 생각나는 대로 판단하고 행동하면 안 됩니다.

생각을 한 번 더 생각하라

밭에 곡식을 심으면 곡식보다 잡초가 더 잘 자라는 것을 볼 수 있습니다. 곡식은 공을 들여 심어도 잘 안 자라는데, 잡초는 심지 않아도, 공들이지 않아도 아무 데서나 잘 자랍니다. 생각도 마찬가지입니다. 애써 심지 않아도 잡초와 같은 생각은 아무 데서나 잘 자랍니다. 우리가 마음대로, 느낌대로, 감정에 이끌려 살아간다면 우리 삶은 엉망진창이 되어 버릴 수밖에 없습니다. 그래서 생각의 첫 단추를 잘 끼워야 합니다. "사람이 마음으로 믿어 의에 이르고 입으로 시인하여 구원"(롬 10:10)에 이르기 때문입니다.

제가 알고 있는 한 목사님 중에 "생각해 봅시다"라는 말을 자주 쓰는 분이 계십니다. 그분은 자기와 다른 생각, 다른 의견에 대해 그냥 거절하지 않고 생각해 보겠다고 이야기합니다. '역지사지'(易地思之), 곧 상대방의 입장에서 한 번 더 생각해 보는 것입니다. 똑같은 상황이 어떤 사람에게는 위기가 되지만 어떤 사람에게는 기회가 되는 것을 봅니다. 고난당함이 유익이 되고, 축복이 오히려 저주가 되는 경우도 종종 있습니다. 모든 것은 생각하기 나름입니다. 머릿속에서 어떤 생각을 펼쳐 나가느냐가 중요한 것입니다. 예수님이 대단하신 이유가 무엇입니까? 이 또한 역지사지입니다. 천국에 앉아 호령만 하시는 것이 아니라, 하늘의 영광을 포기하고 이 땅에 내려오셔서 우리의 눈높이로 낮아지시어 입장을 바꾸어 이해하셨기 때문입니다.

한 가지만 생각하는 사람은 굉장히 위험합니다. 그렇다면 우리는 어떤 생각을 하며 살아야 할까요? '내 생각'도 '네 생각'도 아닙니다. 바로 '주 생각'입니다. 하나님이 무엇을 원하시는지, 하나님의 본심이 무엇인지를 생각하며 살아야 합니다. 성령님이 우리 마음에 부어 주시는 성령의 영감에 따라 성경 중심, 하나님 중심으로 생각해야 합니다.

그런데 한 가지만 생각하는 것 못지않게 위험한 것이 있습니다. 아무 생각도 하지 않는 것입니다. 저는 이것 또한 큰 문제라고 생각합니다. 복잡하고 골치 아픈 것들은 더 이상 생각하지 않겠다는 것, 어차피 해도 안 되니 더 이상 아무 말도, 아무 생각도 하지 않겠다는 것, 이게 바로 우울증입니다.

우울증이 오면 세 가지가 없어집니다. 첫째는, 의욕이 없어집니다. 아무것도 하고 싶지 않게 됩니다. 둘째는, 식욕이 떨어집니다. 입맛, 밥맛, 살맛이 다 떨어집니다. 셋째는, 수욕이 떨어집니다. 잠을 못 자는 것입니다. 그러다 보면 또 다른 세 가지 '무관심', '무기력', '무대책'의 상태가 됩니다.

"너희 안에서 행하시는 이는 하나님이시니 자기의 기쁘신 뜻을 위하여 너희에게 소원을 두고 행하게 하시나니"(빌 2:13). 하나님은 우리 마음에 소원을 두고 행하십니다. 무슨 말입니까? 우리에게 꿈과 소원을 주시고 그것을 성취해 나가신다는 것입니다. 내가 하려고 하니 안 되는 것입니다. 마음에 주님을 모셔 들이십시오. 주님과 인격적인 만남을 가지시길 바랍니다.

생각의 첫 단추를 잘 끼우라

성경의 주제는 '하나님이 나를 사랑하신다'는 것입니다. "하나님이 세상을 이처럼 사랑하사 독생자를 주셨으니"(요 3:16)

라는 이 말씀이 성경의 핵심입니다. 하나님은 또한 우리를 VIP(Very Important Person), 곧 매우 중요한 사람, 복 있는 사람, 행복한 사람으로 창조하셨습니다. 이것이 바로 창세기의 핵심입니다. 그렇기에 우리는 이러한 신앙의 관점에서, 마음으로 믿고 입으로 시인해야 합니다. 그럴 때 우리 삶의 모든 것이 달라집니다.

믿음이 없는 사람은 하나님에 대한 신뢰가 없기 때문에 실패에 대한 두려움에 사로잡혀 아예 시도조차 하지 않습니다. 그러나 믿음이 있는 사람, 하나님을 믿고 의지하는 사람은 내 생각이 아닌 성령님이 부어 주시는 생각, 하나님이 기록해 놓으신 말씀을 따라 살아가기 때문에 어떤 일이든 담대하게 해 나갑니다. 나는 부족할지라도 하나님이 강권해서 살아가는 사람은 후회가 없습니다.

솔로몬은 일천번제를 드리고 하나님에게 다른 것이 아닌 듣는 마음, 즉 백성의 송사를 듣고 이를 잘 분별하는 지혜를 구했습니다. 그 모습을 귀하게 보신 하나님은 솔로몬에게 지혜를 비롯해 장수의 복과 형통의 복, 부귀영화의 복까지 전부 다 허락하셨습니다. 생각의 첫 단추를 잘못 꿰면 엉망진창인 인생이 됩니다. 그러나 신앙, 생각, 사고방식의 골든타임에 예수님을 마음으로 모셔 들이고 그분을 믿으면 그 결과가 달라집니다. 믿음의 단추를 끼워 나가게 되는 것입니다.

우리는 생각의 판을 바꿔야 합니다. 그러나 이는 하루아침에 되지 않습니다. 치아 교정하는 사람들을 보십시오. 치아 하나 교정하는 데도 철사로 엮어 몇 달, 몇 년을 기다립니다. 마찬가지로 우리의 생각과 마음 판이 교정되기 위해서는 상당한 세월이 필요합니다. 오랜 눈물과 회개의 과정을 거쳐야 합니다. 우리의 사고방식이 본질적으로 어떠한가를 늘 말씀의 거울에 비춰 봐야 합니다. 우리도 모르는 사이에 변질되기 쉬운 것이 우리의 사고방식이기 때문입니다.

우리의 생각은 세상의 영향을 쉽게 받습니다. 애써 심지 않아도 잡초가 나고 자라듯 악하고 음란한 생각은 노력하고 애쓰지 않아도 우리의 생각을 쉽게 지배합니다. 그렇기에 우리는 거룩하신 하나님 앞에 나아와 예배할 때마다 우리의 마음과 생각을 고쳐 달라고 간구해야 합니다. 그리고 날마다 마음에 예수님을 모셔 들여 그분을 믿고 의지하는 삶을 살아야 합니다. 그런 사람의 입에서는 시와 찬미와 신령한 노래가 터져 나오게 되어 있습니다.

변화된 삶으로 간증하라

말씀은 곧 인격입니다. 말씀이 우리 안에서 작동해 우리의 사고방식이 바뀌어야 합니다. "호랑이는 죽어서 가죽을 남기고, 사람은 죽어서 이름을 남긴다"는 속담이 있습니다. 저는 여기에 한 가지를 더 붙이고 싶습니다. "그리스도인은 죽어서 간증을 남긴다." 간증이란 다른 것이 아닙니다. 말씀을 붙들고 묵상하며 살다 보면 살아 있는 말씀이 우리를 교훈하고, 책망하고, 바르게 하고, 의로 교육하기 때문에 우리 내면이 바르게 됩니다. 말씀과 함께하는 삶은 영혼이 잘됨같이 범사가 잘되고 강건한 역사가 나타나기 때문에 영혼과 몸과 마음이 반듯하고 단정해지는 것입니다. 이런 사람은 어딜 가든 영향력을 미칠 수밖에 없습니다. 간증이 넘치는, 간증하는 인생이 되는 것입니다.

예수님을 인격적으로 만나고, 하나님의 본심을 기억하고, 성령님이 우리 마음에 부어 주시는 영감을 늘 민감하게 따라가는 사람은 삶이 변할 수밖에 없습니다. 한 교회에서 인상적인 구호를 본 적이 있습니다. '내가 머무는 곳이 성지가 되게 하옵시고, 내가 밟는 땅이 축복의 땅이 되게 하옵시고, 내가 만나는 사람이 하나님께 쓰임 받는 사람이 되게 하옵소서.' 우리 발이 닿는 모든 땅이 성지가 되고, 요셉의 때와 같이 손을 대는 곳마다 여호와의 축복이 나타나야 합니다. 우리는 그런 축복의 통로가 되어야 합니다.

예수님을 만나고, 예수님을 모시고, 예수님을 따라가는 사람은 변화될 수밖에 없습니다. 마음 중심에 누구를 모시고 살아가느냐가 그래서 중요합니다. "마음으로 믿어 의에 이르고 입으로 시인"(롬 10:10)한다고 할 때 시인(是認)은 옳다고 여기는 것을 계속해서 선포하는 것을 말합니다. 하나님의 말씀을 붙들고 '말씀대로 될 줄 믿습니다'라고 고백하는 사람은 말씀의 인도를 받을 수밖에 없습니다. 그러다 보면 삶의 변화는 자연스럽게 따라오는 것입니다.

자존심을 내세우지 마십시오. 성도는 자존심이 아닌 '주존심'을 갖춰야 합니다. 하나님 아버지의 본심이 무엇인지를 늘 생각하십시오. 하나님의 생각을 마음에 품고 묵상하다 보면 이것이 노래가 되고, 찬양이 되고, 시편이 됩니다. 그리고 그것이 삶을 통해 흘러넘쳐 나누고 섬기는 삶을 살아가게 됩니다. 바로 축복의 통로가 되는 것입니다.

당신은 얼마만큼 변화된 것 같습니까? 사람은 끊임없이 변하는 존재입니다. 중요한 것은 어떤 방향으로 변화되어 가느냐입니다. 변화무쌍한 현실에서 우리는 하나님을 의지하고 성령님의 인도함에 민감하게 반응해야 합니다. 우리 마음과 생각에 주님을 향한 사랑을 심어야 합니다. 하나님은 우리 편이시고 합력해서 선을 이루시는 분이기에 우리는 긍정, 낭만, 진취, 발전 모드로 생각할 수밖에 없습니다. 우울하고 어둡고 불안하고 걱정이 태산 같다면 생각의 판을 바꾸십시오. 원판을 고쳐야 합니다. 이는 접속점이 잘못된 것입니다. 악한 영과 연결되었기 때문에 혼란스러운 것입니다.

하나님을 의지하고 성령님을 환영하는 사람은 마음 씀씀이가 달라질 수밖에 없습니다. 그리고 구원의 확신, 응답의 확신, 인도의 확신과 같은 확신에 찬 언어를 사용하게 됩니다. 하나님은 내 편이시고 하나님이 나를 사랑하시기 때문에 불행한 언어를 사용하지 않게 되는 것입니다. 믿음에 입각한 말을 쓰면 마음이, 생각이, 행동이 달라집니다. 그럴 때 그 사람은 성도라는 인정을 받게 됩니다.

성도란 작은 예수를 뜻합니다. 작은 예수는 예수님을 닮은 사람, 예수님의 길을 가는 사람 그리고 예수님의 방식을 따르는 사람입니다. 말씀이신 예수님을 마음에 모셔 들이십시오. 그분을 묵상하십시오. 그래서 말씀이 행동으로 나타나 하나님 앞에 간증을 남기는 삶을 살아가시길 바랍니다.

8. 신의 성품

"이로써 그 보배롭고 지극히 큰 약속을 우리에게 주사 이 약속으로 말미암아 너희가 정욕 때문에 세상에서 썩어질 것을 피하여 신성한 성품에 참여하는 자가 되게 하려 하셨느니라 그러므로 너희가 더욱 힘써 너희 믿음에 덕을, 덕에 지식을, 지식에 절제를, 절제에 인내를, 인내에 경건을, 경건에 형제 우애를, 형제 우애에 사랑을 더하라 이런 것이 너희에게 있어 흡족한즉 너희로 우리 주 예수 그리스도를 알기에 게으르지 않고 열매 없는 자가 되지 않게 하려니와 이런 것이 없는 자는 맹인이라 멀리 보지 못하고 그의 옛 죄가 깨끗하게 된 것을 잊었느니라 그러므로 형제들아 더욱 힘써 너희 부르심과 택하심을 굳게 하라 너희가 이것을 행한즉 언제든지 실족하지 아니하리라 이같이 하면 우리 주 곧 구주 예수 그리스도의 영원한 나라에 들어감을 넉넉히 너희에게 주시리라"(벧후 1:4-11).

신의 성품은 마음의 수련으로
만들어지지 않습니다.
그것은 하나님이 주시는 선물입니다.

성령의 아홉 가지 열매, 곧 '사랑, 희락, 화평, 오래 참음, 자비, 양선, 충성, 온유, 절제'는 성격이 원만하고 품성이 좋은 사람의 특징과 같습니다. 성령의 감동을 통해 열매 맺는 것이 좋은 성품이라는 것입니다. 사랑의 다양한 형태가 좋은 성품의 조건이라는 것입니다.

이처럼 사람이 살아갈 때 가장 중요한 것은 성품입니다. 부부가 이혼을 하는 것, 사람 사이에 갈등이 생기는 것은 성격 차이, 욕구 불만 때문입니다. 어릴 때부터 사랑받고 싶은 욕구가 채워지지 않았을 때, 인정받고 싶은 바람이 채워지지 않았을 때 갈등과 혼란이 생기는 것입니다. 산소가 부족할 때 우리 몸에서 병이 만들어지듯이 애정 결핍, 관계 갈등 또한 질병으로 연결됩니다. 열등감이 적은 사람은 행복한 사람입니다. 행복한 사람은 마음이 좋고, 관계가 원만하며, 그릇이 큽니다.

신의 성품에 참여하라

본문은 "신성한 성품에 참여하는 자"(벧후 1:4)가 되라고 말씀합니다. 그러기 위해 "너희 믿음에 덕을, 덕에 지식을, 지식에 절제를, 절제에 인내를, 인내에 경건을, 경건에 형제 우애를, 형제 우애에 사랑을 더하라"(벧후 1:5-7)고 말씀합니다. 좋은 성품이라는 것은 결론적으로 하나님을 사랑하고, 이웃을 사랑하는 데서 나온다는 것입니다. 그리고 이어서 신의 성품에 참여하면 '열매 없는 자'가 되지 않고, '멀리 보는 사람'이 되며, '옛 죄가 깨끗하게' 되고, '언제든지 실족하지 않게 되며', '영원한 하나님 나라에 넉넉히 들어가게 된다'고 말씀합니다(벧후 1:8-11 참조).

그런데 결론부터 말하면, 우리 스스로는 좋은 성품을 가질 수 없습니다. 우리는 죄인이기 때문입니다. 성경은 "모든 사람이 죄를 범하였으매 하나님의 영광에 이르지 못하더니"(롬 3:23)라고 말씀합니다. 좋은 성품을 가지기 위해서는 이것을 먼저

'인정'해야 합니다. 내가 죽고 내 속에서 예수님이 살아날 때 예수님의 향기가 나고 좋은 성품을 갖추게 되는 것입니다. 갈라디아서 5장 24절은 "그리스도 예수의 사람들은 육체와 함께 그 정욕과 탐심을 십자가에 못 박았느니라"고 말씀합니다. 우리 자신에게서는 좋은 것이 나올 수 없기 때문에 자기 자신을 십자가에 못 박고 부인해야 주님을 닮은 모습이 나타난다는 것입니다.

우리가 사랑하고 존경하며 살아가기 위해서는 사랑을 알아야 합니다. 사랑은 하는 것보다 받는 것이 우선입니다. 펭귄 중에 황제펭귄이라는 종이 있습니다. 이들은 영하의 날씨에 가만히 선 채로 120일 이상을 아무것도 안 먹고 알을 품는다고 합니다. 이런 부모의 희생을 통해서 자녀가 태어나고 자라가듯이, 우리는 하나님 아버지의 무궁하신 사랑을 받은 존재입니다.

예수님은 이 땅에 오셔서 십자가의 희생을 통해 우리를 향한 사랑을 확증하셨습니다. 도무지 경건하지 않은 자, 죄인 된 자, 사랑받을 자격이 없는 나 같은 사람을 위해 십자가에 사랑의 못을 박으신 것입니다. 이 사실을 깨닫고 믿어지게 하시는 분이 바로 성령님이십니다. 그분은 우리가 마땅히 빌 바를 알지 못할 때 친히 우리를 위해 탄식하시며 간구하십니다. 이처럼 삼위 하나님의 사랑을 맛본 사람들이 신의 성품에 참여하고 사랑할 줄 아는 사람이 되는 것입니다.

십계명은 사랑입니다. 앞의 절반은 하나님 사랑, 뒤의 절반은 이웃 사랑을 이야기하는 것이 십계명의 정신입니다. 성경은 "네 마음을 다하고 목숨을 다하고 뜻을 다하여 주 너의 하나님을 사랑하라 하셨으니 이것이 크고 첫째 되는 계명이요 둘째도 그와 같으니 네 이웃을 네 자신같이 사랑하라 하셨으니 이 두 계명이 온 율법과 선지자의 강령이니라"(마 22:37-40)고 말씀합니다.

하나님의 높이와 넓이와 깊이를 깨달아 가면서 그 사랑의 맛을 본 사람들은 살아가면서 그들 또한 사랑하며 섬기는 사람이 됩니다. 이기적인 사람이, 자기밖에는 모르는 사람이 이타적인 사람이 되고, 교회와 나라를 사랑하는 사람이 된다는 것입니다. 다른 사람과 비교하지 마십시오. 우리는 하나님의 뜻 가운데 창조된 비교 불가능한 사랑받는 존재입니다. 비판과 심판은 하나님만 하시는 것입니다. 우리는 사랑하고 섬기며 '경건미인대칭'으로 나아가야 합니다.

사람은 고난을 통해 성품이 바뀝니다. "환난 날에 나를 부르라 내가 너를 건지리니"(시 50:15). 예수님도 고난을 통해서 '순종'을 배우셨습니다. 이처럼 어려운 고난의 과정을 통해 무엇이 중요한지를 깨달아 가기 때문에 "고난당한 것이 내게 유익이라"(시 119:71) 고백할 수 있는 것입니다. 신의 성품은 마음의 수련으로 만들어지지 않습니다. 그것은 하나님이 주시는 선물입니다. 하나님의 사랑을 맛본 사람들이 마음에 감동을 받고 변화되어 사랑하고 섬기며 나아가는 사랑의 변주곡, 이것이 곧 좋은 성품입니다.

포기하지 않으시는 주님의 사랑

베드로가 그런 사람입니다. 베드로는 공부를 많이 한 사람도 아니고, 성격이 원만한 사람도 아닙니다. 성경을 읽어 보면, 베드로는 예수님이 가르치시는 것과 거의 '반대'로 행하는 사람이었습니다. 겟세마네 동산에 가서 기도하라고 하셨을 땐 누워 자고, 일어나라 하셨을 땐 칼을 뽑아 설치는 등 예수님의 가르침에 어깃장을 놓기 일쑤였습니다. 성격 자체가 좌충우돌, 돈키호테 스타일로 어디로 튈지 알 수 없는 사람이었습니다.

그런데 이런 베드로를 예수님은 한 번도 포기하지 않으셨습니다. 그리고 결국엔 "너는 베드로라 내가 이 반석 위에 내 교회를 세우리니 음부의 권세가 이기지 못하리라 내가 천국

열쇠를 네게 주리니 네가 땅에서 무엇이든지 매면 하늘에서도 매일 것이요 네가 땅에서 무엇이든지 풀면 하늘에서도 풀리리라"(마 16:18-19)는 놀라운 축복을 받게 되었습니다. 이후 베드로는 최고의 사도요, 최고의 설교자요, 예수님의 수제자가 되어 많은 사람들에게 영향력을 미치는 사람으로 그의 스토리가 바뀌어 갔습니다.

우리의 삶은 말씀과 기도를 통해서 거룩하게 디자인되어집니다. 말씀을 읽고 묵상하고 암송하십시오. 예수님은 "사람이 떡으로만 살 것이 아니요 하나님의 입으로부터 나오는 모든 말씀으로 살 것이라"(마 4:4)고 말씀하셨습니다. 하나님은 말씀을 통해 명령하십니다. 하나님은 말씀을 통해 계속해서 메시지를 보내십니다.

그리고 기도하십시오. 우리는 문제 많은 인간이기에 하나님에게 기도하되 그냥 기도하면 안 되고, 부르짖으며 기도해야 합니다. 누가복음 11장은 "누가 아들이 생선을 달라 하는데 생선 대신에 뱀을 주며 알을 달라 하는데 전갈을 주겠느냐 너희가 악할지라도 좋은 것을 자식에게 줄 줄 알거든 하물며 너희 하늘 아버지께서 구하는 자에게 성령을 주시지 않겠느냐"(11-13절)고 말씀합니다. 좋으신 하나님 앞에 부르짖고 기도할 때 하나님은 좋은 선물을 주시는데, 선물 중에 가장 좋은 선물인 성령님을 주시는 것입니다.

어떤 사람이든 하나님이 싸고도시면, 하나님이 사랑하시면 그것으로 끝입니다. 하나님이 사랑하시는 사람은 세상이 막을 수 없습니다. 우리는 주님의 눈 밖에 나고 사랑의 대상에서 멀어지는 것을 경계해야 합니다. 바울은 데살로니가교회를 세 가지로 칭찬했습니다. '너희 믿음이 역사한다', '소망이 인내한다', '사랑이 수고한다는 것'이 그것입니다. 믿음 있는 사람이 역사를 만들어 가고, 소망 있는 사람은 반드시 참으며, 사랑하는 사람은 수고를 아끼지 않는다는 것입니다. 이 믿음, 소망, 사랑이 만날 때 아름다운 카리스마가 생긴다는 것입니다.

여덟 가지에 힘쓰라

신의 성품에 참여하기 위해서는 '힘써야' 될 여덟 가지가 있습니다. 신앙생활에 있어 제일 나쁜 것이 무엇입니까? 가만히 있는 것입니다. 하나님은 복을 주시기 전에 꿈을 주시고, 응답을 주시기 전에 소원을 주십니다. 갈증을 일으키시는 것입니다. 그럴 때 우리가 할 일은 첫째, 믿음의 힘을 쓰는 것입니다. 믿음은 하늘에서 뚝 떨어지는 것이 아닙니다.

믿음의 힘을 쓴다는 것은 무엇입니까? '기적'을 바라보는 것입니다. 기적을 놓고 기도하는 것입니다. 우리 삶에 얼마나 많은 기적이 필요합니까? 건강의 기적, 만남의 기적, 사업의 기적 등 복 받은 사람들은 대개 기적의 주인공들입니다. 하나님 앞에 기적을 바라보며 기도하십시오. 기적 중에 기적은 내가 바뀌는 것입니다. "내게 능력 주시는 자 안에서 내가 모든 것을 할 수 있느니라"(빌 4:13).

예수님은 기적을 행하실 때마다 대상자 안에 믿음이 있는지를 확인하셨습니다. 믿음이 기적을 만듭니다. 히브리서 11장 6절은 "믿음이 없이는 하나님을 기쁘시게 하지 못하나니 하나님께 나아가는 자는 반드시 그가 계신 것과 또한 그가 자기를 찾는 자들에게 상 주시는 이심을 믿어야 할지니라"고 말씀합니다. 죄 중에 가장 큰 죄는 불신의 죄입니다. 믿어야 구원받고, 믿어야 기적이 일어납니다. 믿음의 힘을 쓰십시오. 기적을 바라보고 기도하십시오.

두 번째는, 덕을 세우는 것입니다. 믿음이 좋은 사람들은 대체로 공격적입니다. 주님만 바라본다면서 주변 사람을 밟고 지나가기 때문에 믿음이 좋은 사람들은 남에게 상처를 많이 줍니다. 그래서 필요한 게 덕입니다. 이게 과연 사람들과 교회에 유익한지, 하나님에게 영광이 되는지를 살펴야 한다는 것입니다. 덕이 안 되면 독이 된다는 말이 있습니다. 믿음이 좋을수록 반드시 덕을 위해 힘쓰고, 아무리 옳고 바른 일이라도 타이밍을 잘 생각해야 됩니다.

세 번째는, 지식입니다. "믿음에 덕을, 덕에 지식을, 지식에 절제를"(벧후 1:5-6). 왜 이 순서가 중요할까요? 우리는 덕스러움으로 포장된 '대충대충'을 종종 경험합니다. '좋은 게 좋은 것'이라며 그것을 마치 은혜로운 것처럼 포장합니다. 그런 경우는 대개 지식이 모자라기 때문입니다. 그래서 덕스럽게 살아가는 사람은 반드시 지식에 힘을 써야 합니다. 기독교는 배움의 종교입니다. 말씀을 배우고, 바른 신학, 바른 신앙, 바른 생활을 배워야 합니다. 바르게 배운 사람들은 이단을 따라가라 해도 안 따라갑니다. 들어 보면 무엇이 진리인지를 알기 때문입니다. "진리를 알지니 진리가 너희를 자유롭게 하리라"(요 8:32).

네 번째는, 절제입니다. 우리는 우리 마음을 마음대로 절제할 수 없습니다. 그렇기에 절제가 성령의 열매에 포함된 것입니다. 절제란 성령보다, 기도보다, 말씀보다 앞서지 않는 것입니다. 또한 성령을 제한하거나 소멸하지 않고, 성령을 근심되게 하거나 훼방하지 않는 것입니다.

다섯 번째는, 인내입니다. 인내란 무작정 참는 것이 아니라, 예수님처럼 참는 것입니다. 누가복음 22장에서는 "이것까지 참으라"(51절)고 말씀합니다. 더 이상 못 견딜 것 같을 때에도 그것까지 참아야 한다는 것입니다. 오래 참고 견디는 것이 가장 큰 실력입니다. 강한 자가 살아남는 것이 아니라 살아남은 자가 강한 것입니다.

여섯 번째는, 경건입니다. 경건은 하나님을 닮은 성품입니다. 하나님이 허락하시는 고난의 시간들을 통과하면서 부족하고 모난 성품이 조금씩 다듬어져 결국엔 하나님을 닮은 성품으로 변해 가는 것입니다.

일곱 번째는, 형제 우애입니다. 진정한 사랑의 맛을 본 사람은 표가 납니다. 부부지간에 사랑하며 존경하고, 형제지간에 우애하며, 부모님을 공경하고 성도를 사랑하는 것이 모두 형제 우애에 속합니다. 하나님은 멀리 있는 사람이 아닌 하나님이 지금 짝지어 주신 배우자를, 가족을 끝까지 사랑하기를 원하십니다.

그래서 마지막은 사랑입니다. 사랑을 공급해야 합니다. 사람은 사랑을 받고 살아가는 존재입니다. 하나님의 엄청난 사랑, 하나님의 그 갚을 수 없는 사랑을 맛본 사람은 다른 사람을 사랑할 수밖에 없습니다. 내 자존심, 사람 냄새, 인간적인 혈기와 정욕은 사라지고 예수 그리스도의 향기를 내뿜는 사람이 되는 것입니다.

무엇을 하든 결정적인 것은 성품입니다. 신의 성품에 동참해서 주님이 허락하시는 귀한 것들을 누리시길 바랍니다.

9. 영성, 야성, 정성

"또 그의 종 다윗을 택하시되 양의 우리에서 취하시며 젖양을 지키는 중에서 그들을 이끌어 내사 그의 백성인 야곱, 그의 소유인 이스라엘을 기르게 하셨더니 이에 그가 그들을 자기 마음의 완전함으로 기르고 그의 손의 능숙함으로 그들을 지도하였도다"(시 78:70-72).

> 삶의 우선순위를 하나님 중심,
> 성경 중심, 교회 중심에 두십시오.
> 하나님은 중심이 바른 사람을 찾으십니다.

성도로서 우리 삶에 필요한 세 가지가 있다면 그것은 영성과 야성과 정성입니다. 그런데 이 세 가지를 모두 갖춘 사람이 있습니다. 바로 다윗입니다. 다윗은 하나님 마음에 쏙 들었던 사람이었습니다.

다윗의 영성, 야성, 정성

다윗의 관심은 오로지 하나님에게 있었습니다. 그가 왕이 되어 왕궁에 살 때 그는 하나님의 성전, 아버지의 집이 없음을 안타까워하며 하나님의 성전 짓기를 간절히 원했습니다. 그런데 하나님은 다윗이 아닌 아들 솔로몬에게 그 일을 맡기셨습니다. 보통의 인간이라면 서운할 법도 한데, 다윗은 그런 내색 하나 없이 솔로몬이 최고의 성전을 만들 수 있도록 건축을 위한 준비에 최선을 다했습니다.

그는 죄를 범했을 때도 "주의 성령을 내게서 거두지 마소서 주의 구원의 즐거움을 내게 회복시켜 주시고"(시 51:11-12)라고 고백할 만큼 성령 하나님에 대해 굉장히 민감한 사람이었습니다. 누구보다도 하나님을 사랑하는, 하나님 앞에 남다른 영성을 가진 사람이었습니다.

그는 특별한 훈련을 받지 않았습니다. 그는 양치기였기에 베들레헴 들판에서 사자와 곰으로부터 양을 지키며 다지고 쌓은 실력이 그가 가진 스펙의 전부였습니다. "또 그의 종 다윗을 택하시되 양의 우리에서 취하시며"(시 78:70). 그런 그를 하나님이 스카우트하셨습니다. 다윗 안에 있는 야성을 보신 것입니다. 들판에서 다져진 다윗의 야성은 전쟁터에서도 유감없이 드러났습니다. "주의 종이 아버지의 양을 지킬 때에 사자나 곰이 와서 양 떼에서 새끼를 물어 가면 내가 따라가서 그것을 치고 그 입에서 새끼를 건져 내었고 그것이 일어나 나를 해하고자 하면 내가 그 수염을 잡고 그것을 쳐 죽였나이다"(삼상 17:34-35).

다윗은 매사에 정성을 기울였습니다. 양을 치는 하찮은 일에도 결코 소홀하지 않았습니다. 골리앗을 향해 돌멩이를 던졌을 때를 보십시오. "손을 주머니에 넣어 돌을 가지고 물매로 던져 블레셋 사람의 이마를 치매 돌이 그의 이마에 박히니 땅에 엎드러지니라"(삼상 17:49). 작은 일에 정성을 기울였던 습관이 중요한 순간에 크게 쓰임 받게 된 것입니다. 이처럼 다윗은 영성과 야성과 정성을 모두 갖춘 사람이었습니다.

하나님만 바라보라

마음 중심에 하나님이 계신 사람은 관심이 다릅니다. 이런 사람에게 육체의 정욕, 이생의 자랑은 모두 부질없는 것입니다. 당신의 관심은 어디를 향해 있습니까? 사람을 보며 세상을 보면 실망할 수밖에 없습니다. 눈을 들어 주님을 바라보십시오. 하나님에게 시선을 고정하십시오. 성도의 시선은 늘 하나님을 향해야 합니다.

"나의 힘이신 여호와여 내가 주를 사랑하나이다"(시 18:1). 다윗은 하나님을 향해 사랑의 고백을 했습니다. 그의 관심은 오매불망 하나님을 기쁘시게, 하나님을 영화롭게 하는 데 있었습니다. 이처럼 다윗은 그 마음에 사랑을 품었기에 사울 왕이 10년 동안 다윗을 죽이려고 위협하며 쫓아다녀도 그를 미워하거나 공격하지 않을 수 있었습니다. 이는 마치 자신을 팔아먹은 형들에 대해 분을 품지 않은 요셉을 생각나게 합니다. 사울 왕은 다윗을 묵상했지만 다윗은 사울 왕이 아닌 하나님을 묵상했습니다. 이게 다윗과 사울의 차이입니다.

우리는 세상에서 많은 사람들과 부대끼며 살아갑니다. 그런데 내 힘만 가지고는 모든 사람을 감당할 수가 없습니다. 그럴 때 어떻게 해야 할까요? 눈을 들어 주님을 바라보십시오. 주님을 바라볼 때 감당할 힘을 주십니다. 그럴 힘을 허락해 주시는 것입니다.

시므이 사건을 보십시오. 다윗은 하나님 앞에 완전한 자였지만 그렇다고 그에게 허물과 티가 없는 것은 아니었습니다. 그의 삶이 순조롭기만 한 것도 아니었습니다. 그가 왕궁에서 잘나갈 때 사랑하는 아들 압살롬이 쿠데타를 일으켜 야반도주하는 사건이 생깁니다. 왕이 머리를 풀어 헤치고 맨발로 걸어서 요단 강을 건너 도망을 치는데, 그때 시므이라는 사람이 다윗을 저주합니다.

시므이는 원래 사울 왕 집안의 사람입니다. 시므이는 사울 왕과 그의 아들 요나단이 왕위를 세습해야 하는데 갑자기 다윗이라는 사람이 나타나 자신의 집안과 나라를 망하게 했다고 생각했습니다. 그러던 중 다윗 집안에 자중지란(自中之亂)이 일어나 왕이 야반도주한다는 소리를 듣고 다윗이 가는 길에 흙과 돌을 던지면서 저주를 합니다. "피를 흘린 자여 사악한 자여 가거라 가거라 사울의 족속의 모든 피를 여호와께서 네게로 돌리셨도다 그를 이어서 네가 왕이 되었으나 여호와께서 나라를 네 아들 압살롬의 손에 넘기셨도다 보라 너는 피를 흘린 자이므로 화를 자초하였느니라"(삼하 16:7-8).

다윗은 아직 막강한 세력을 가진 대왕입니다. 옆에 있던 장군 아비새가 이 말을 듣고는 "청하건대 내가 건너가서 그의 머리를 베게 하소서"(삼하 16:9)라고 말합니다. 이때 다윗은 "그가 저주하는 것은 여호와께서 그에게 다윗을 저주하라 하심이니 네가 어찌 그리하였느냐 할 자가 누구겠느냐 … 내 몸에서 난 아들도 내 생명을 해하려 하거든 하물며 이 베냐민 사람이랴 여호와께서 그에게 명령하신 것이니 그가 저주하게 버려두라"(삼하 16:10-11)고 이야기합니다. 그러면서 "혹시 여호와께서 나의 원통함을 감찰하시리니 오늘 그 저주 때문에 여호와께서 선으로 내게 갚아 주시리라"(삼하 16:12) 하며 자신의 관심은 오직 하나님에게만 있음을 이야기합니다.

무슨 말입니까? 하나님만 나를 보시면 된다는 것입니다. 하나님만 나를 불쌍히 여겨 주시면 된다는 것입니다. 하나님이 은혜를 베풀어 주시면 누가 자신을 저주하든 상관없다는 것입니다. 이처럼 다윗의 관심은 사람이 아닌 하나님에게 있었습니다. 그는 다른 누구보다 영성이 남다른 사람이었습니다.

다윗의 선택과 집중

"젖양을 지키는 중에서 그들을 이끌어 내사 그의 백성인 야곱, 그의 소유인 이스라엘을 기르게 하셨더니"(시 78:71). 우리는 살아가면서 늘 대박을 꿈꿉니다. 그러나 허황된 꿈을 가진 사람은 실망할 수밖에 없습니다. 달란트 비유의 핵심이 무엇입니까? 얼마나 많이 남겼느냐가 아닌, 작은 일에 충성할 때 하나님은 더 많은 것을 맡기신다는 것입니다. 젖양 한 마리도 지극정성으로 돌보았던 다윗에게 하나님은 이스라엘 백성을 통째로 맡기셨습니다.

"마음의 완전함으로 기르고 그의 손의 능숙함으로 그들을 지도하였도다"(시 78:72). 무슨 말입니까? 마음이 성실했다는 것입니다. 하나님의 뜻은 성공이 아니라 성실입니다. 성실한 사람은 이길 수가 없습니다. '우보천리'(牛步千里)라는 말처럼, 소처럼 우직하게 뚜벅뚜벅 걸어가는 사람이 이깁니다.

다윗은 예배를 회복한 사람입니다. 우리 또한 예배를 회복해야 합니다. 이것이 우리 삶의 가장 기본입니다. 삶의 우선순위를 하나님 중심, 성경 중심, 교회 중심에 두십시오. 하나님은 중심이 바른 사람을 찾으십니다. 여기에 다윗이 가졌던 하나님을 향한 절절한 마음을 더하십시오. 우리는 하나님의 시선이 머물렀던, 하나님의 선택권이 머물렀던, 하나님의 마음에 쏙 들었던 이새의 아들 다윗처럼 영성과 야성과 정성을 회복해야 합니다. 그러면 하나님이 "푸른 풀밭에 누이시며 쉴 만한 물가로 인도"(시 23:2)해 주십니다.

역사상 가장 큰 영향력을 미친 사람은 다윗입니다. 역사상 최고의 부자도, 천하를 통일한 사람도 다윗입니다. 솔로몬은 다윗이 준비한 것에 그저 숟가락만 얹었을 뿐입니다. 다윗은 최고의 사랑, 최고의 은혜, 최고의 축복을 누렸습니다. 성령의 역사를 제한하지 않았기 때문입니다. 성령을 근심하게 하지 않았기 때문입니다.

성령이 우리를 변호하시고, 성령이 우리를 충만하게 하시고, 성령이 우리를 도우십니다. 성령의 인도하심에 민감하십시오. 성령보다, 기도보다, 말씀보다 절대 앞서지 마십시오. 기도하면 하나님이 응답해 주십니다. 주의 지팡이와 막대기로

보호하시고, 푸른 초장과 쉴 만한 물가로 인도해 주십니다. 이른 비와 늦은 비로, 만나와 메추라기로 복을 주시는 분이 하나님이십니다.

다윗은 오직 하나님만을 위해 노래하며 춤추는 거룩한 영성의 소유자였습니다. 또한 들판에서 갈고 닦은 야성을 주님을 위해 사용한 사람이었습니다. 그는 무엇보다 어린 양 한 마리도 지극정성으로 대했던 사람이었습니다. 다윗이 가진 영성과 야성과 정성을 구하십시오. 무엇을 하든지 주께 하듯 하고 작은 일에도 충성할 때 하나님은 크고 아름다운 것으로 우리를 풍성히 채우실 것입니다.

마음 중심에 하나님이 계신 사람은 관심이 다릅니다.
이런 사람에게 육체의 정욕, 이생의 자랑은 모두 부질없는 것입니다.
눈을 들어 주님을 바라보십시오. 하나님에게 시선을 고정하십시오.

10. 갈증, 긍정, 열정

"하나님이여 사슴이 시냇물을 찾기에 갈급함같이 내 영혼이 주를 찾기에 갈급하니이다 … 내 영혼아 네가 어찌하여 낙심하며 어찌하여 내 속에서 불안해하는가 너는 하나님께 소망을 두라 그가 나타나 도우심으로 말미암아 내가 여전히 찬송하리로다"(시 42:1, 5).

우리는 '쓰임 받겠다'는
선한 욕심을, 갈증을,
열망을 갖고 있어야 합니다.

성도로 살아가는 데 꼭 필요한 요건이 있습니다. 바로 갈증과 긍정과 열정입니다. 갈증이란 무엇입니까? 사슴이 시냇물을 찾듯이 갈망하는 목마름입니다. 동물들은 본능적으로 물이 있는 곳을 향해 마음속에 지도가 있는 것처럼 수천 킬로미터를 산을 넘고 강을 건너면서 이동합니다.

거룩한 욕심을 가지라

'갈증'은 일종의 욕심입니다. 에서가 왜 장자권을 빼앗겼을

2부 · 성품이 아름다운 성도　105

까요? 왜 약탈자, 사기꾼 야곱이 장자권을 차지했을까요? 욕심의 차이입니다. 야곱은 욕심이 많았습니다. 그래서 하나님이 져 주십니다. 하나님이 져 주시는 사람이 복 있는 사람입니다. 아빠와 아들이 팔씨름을 하면 아빠가 져 줍니다. 엄마와 딸이 숨바꼭질을 하면 엄마가 옷자락을 보여 주며 잡혀 줍니다. 이처럼 하나님은 우리의 더러운 욕심일지라도 져 주시는 것입니다. 사기꾼 같은 야곱이 하나님이 져 주시니까 이긴 자 이스라엘이 된 것입니다. "그가 이르되 네 이름을 다시는 야곱이라 부를 것이 아니요 이스라엘이라 부를 것이니 이는 네가 하나님과 및 사람들과 겨루어 이겼음이니라"(창 32:28).

갈증을 유지하십시오. 우리는 '쓰임 받겠다', '멋지고 행복하게 살아가야겠다'는 선한 욕심을, 갈증을, 열망을 갖고 있어야 합니다. 성경은 "구하라 그리하면 너희에게 주실 것이요 찾으라 그리하면 찾아낼 것이요 문을 두드리라 그리하면 너희에게 열릴 것이니"(마 7:7)라고 말씀합니다. 또한 "구하는 자에게 성령을 주시지 않겠느냐"(눅 11:13)라고 말씀합니다.

하나님을 신뢰하라

'긍정'은 무엇입니까? 긍정의 사전적인 정의는 "그러하다고 생각하여 옳다고 인정함"입니다. 한 예로, 사과 한 박스를 갖다 놓고 먹을 때 썩은 것부터 골라 먹는 사람은 끝까지 썩은 것만 먹습니다. 그러나 좋은 것부터 골라 먹는 사람은 끝까지 좋은 것만 먹습니다. 두 경우 모두 그렇게 행하는 나름의 이유가 있을 것입니다. 그러나 무엇이 우리 삶을 더 행복하게 할까요? 긍정적인 사람은 항상 기쁘고, 바쁘며, 예쁩니다. 항상 웃으니까 스트레스가 없어서 좋아지는 것입니다.

시편 1편에는 '아니하며'가 세 번 나옵니다. "복 있는 사람은 악인들의 꾀를 따르지 아니하며 죄인들의 길에 서지 아니하며 오만한 자들의 자리에 앉지 아니하고"(1절). '아니하며'가 많다는 것은, 강한 부정은 강한 긍정을 말한다는 것입니다.

고린도전서 13장에는 '아니하며'가 일곱 번 나옵니다. "사랑은 오래 참고 사랑은 온유하며 시기하지 아니하며 사랑은 자랑하지 아니하며 교만하지 아니하며 무례히 행하지 아니하며 자기의 유익을 구하지 아니하며 성내지 아니하며 악한 것을 생각하지 아니하며"(4-5절). 그만큼 참된 사람의 마음이 곱고, 맑고, 향기롭고, 힘차니까 사랑이 되는 것입니다.

디도서 1장에는 감독, 리더십의 조건에서 '아니하며'가 아홉 번 나옵니다. 우리가 좋은 사람이 되기 위해서는 어떻게 해야 할까요? 나쁜 사람이 안 되면 됩니다. 성공하기 위해서는 실패하지 않으면 됩니다. 성공하는 사람, 복 있는 사람, 쓰임 받는 사람, 될성부른 사람은 떡잎부터 다릅니다. 속이 후덕하고 마음이 푸근한 사람은 무슨 말을 해도 웃고 맙니다.

긍정이라는 것은 적극적인 사고방식과 같은 사회심리학적인 이야기가 아니라, 합력해서 선을 이루어 주시는 하나님을 믿고 나아가는 것입니다. 우리의 기도에 응답해 주시는 참 좋으신 하나님이심을 신뢰하는 것입니다. 우리가 아닌 하나님이 하시기 때문에 긍정적일 수 있는 것입니다.

성령으로 충만하라

'열정'은 무엇입니까? 열정은 뜨거움입니다. 성령의 불입니다. 암은 저온에서 자랍니다. 열이 나면 암세포가 죽습니다. 그래서 몸의 체온을 1도만 올려도 면역률이 30퍼센트 이상 올라간다고 합니다. 우리는 이처럼 항상 이열치열(以熱治熱), 은혜 위에 은혜를, 갑절의 영감을, 일곱 배의 권능을, 백배의 결실을,

천대까지 축복을 누리며 항상 밝고 뜨겁게 살아가야 합니다.

구약의 대표적인 선지자는 엘리야입니다. 엘리야는 열심이 특심이었습니다. "내가 만군의 하나님 여호와께 열심이 유별하오니"(왕상 19:14). 우리도 항상 이열치열을 유지해야 합니다. 신앙생활을 잘하는 것은 첫째, 체온을 유지하는 것입니다. 둘째, 거리를 유지하는 것입니다. 셋째, 속도를 유지하는 것입니다. 따라서 신앙의 체온을 항상 뜨겁게 유지해야 합니다. 신앙이 식지 않도록 애쓰고 힘써야 합니다. 그리고 하나님의 안전 거리를 절대 벗어나지 말아야 합니다. 그분의 은혜의 그늘 아래 늘 머물러야 합니다. 무엇보다 하나님을 앞서려고 하면 안 됩니다. 하나님이 일하시는 때를 잠잠히 기다려야 합니다. 하나님은 기다리는 자에게 당신의 때에 충만한 은혜를 부어 주십니다.

마음속에 갈증이, 목마른 사슴이 시냇물을 찾는 것과 같은 타는 목마름이 있습니까? 삶에서 하나님이 일하실 거라는, 우리는 하나님 손에 붙들린 사람이라는 긍정적인 믿음이 있습니까? 그리고 성령으로 늘 충만합니까? 우리는 이 세 가지를 늘 유지해야 합니다. 매일의 삶에서 갈증과 긍정과 열정을 유지하는 복 있는 사람이 되기를 소망합니다.

3부

신앙이 아름다운 십도

11. 의인은 믿음으로 살리라

"형제들아 내가 여러 번 너희에게 가고자 한 것을 너희가 모르기를 원하지 아니하노니 이는 너희 중에서도 다른 이방인 중에서와 같이 열매를 맺게 하려 함이로되 지금까지 길이 막혔도다 헬라인이나 야만인이나 지혜 있는 자나 어리석은 자에게 다 내가 빚진 자라 그러므로 나는 할 수 있는 대로 로마에 있는 너희에게도 복음 전하기를 원하노라 내가 복음을 부끄러워하지 아니하노니 이 복음은 모든 믿는 자에게 구원을 주시는 하나님의 능력이 됨이라 먼저는 유대인에게요 그리고 헬라인에게로다 복음에는 하나님의 의가 나타나서 믿음으로 믿음에 이르게 하나니 기록된바 오직 의인은 믿음으로 말미암아 살리라 함과 같으니라"(롬 1:13-17).

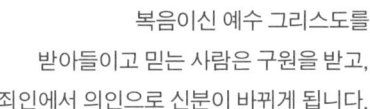

복음이신 예수 그리스도를
받아들이고 믿는 사람은 구원을 받고,
죄인에서 의인으로 신분이 바뀌게 됩니다.

한 시대에 크게 쓰임 받는 사람에게는 저마다의 특징이 있습니다. 그중 한 가지는 집안의 누군가가 하나님 앞에서 반듯하게 살았다는 것입니다. 이를 성경적으로 표현하면 의로운 삶을 살았다고 할 수 있습니다. 그리고 그렇게 의로운 삶을 사는 사람을 가리켜 성경은 의인이라고 말씀합니다.

사람은 살아갈 때 삶의 속도보다 방향이 중요합니다. 빨리 가는 것보다 반듯하게 살아가는 게 중요하다는 것입니다. 그런 점에서 부모가 오랜 세월을 바른 방향으로 반듯하게 나아가면 그 자녀들은 부모의 선한 영향을 받을 수밖에 없습니다. 그래서 하나님에게 크게 쓰임 받는 삶을 살게 되는 것입니다.

500년 전 마틴 루터가 종교 개혁을 할 때의 구호는 '오직 믿음'(sola fide)이었습니다. "오직 의인은 믿음으로 말미암아 살리라"(롬 1:17)는 말씀을 붙들고 종교 개혁을 일으킨 것입니다. 살다 보면 여러 가지 일들 속에서 마음이 흐트러질 때가 있습니다. 믿음으로 살지 않기 때문입니다. 이럴 때 사도 바울과 마틴 루터가 외친 이 말씀이 우리의 고백이 되어야 합니다. 이것이 우리 삶의 구호가 되어야 하는 것입니다.

주님보다 앞서지 말라

로마서 1장 8절에 보면 사도 바울은 먼저 로마에 있는 성도들의 믿음에 대한 소문을 듣고 감사해 합니다. "먼저 내가 … 내 하나님께 감사함은 너희 믿음이 온 세상에 전파됨이로다." 비슷한 말씀이 데살로니가전서에도 기록되어 있습니다. "너희의 믿음의 역사와 사랑의 수고와 우리 주 예수 그리스도에 대한 소망의 인내를 우리 하나님 아버지 앞에서 끊임없이 기억함이니"(살전 1:3). 사도 바울은 믿음의 삶이 향기가 되어 각처로 퍼져 나간다는 믿음의 소식을 듣고 하나님에게 감사한 것입니다.

로마서 1장 9-13절에는 바울의 기도가 기록되어 있습니다. 바울이 오랫동안 기도하고 소원한 것은 로마에 가서 그곳에 있는 성도들과 교제하는 것이었습니다. "항상 내 기도에 쉬지 않고 너희를 말하며"(롬 1:9). 얼굴을 마주 보며 교제하는 것도 중요하지만, 진정한 교제는 기도 중에 서로 교통하는 것입니다. 영적으로 맺어지는 것입니다. 기도 중에 하나가 되는 것입니다.

"어떻게 하든지 이제 하나님의 뜻 안에서 너희에게로 나아갈 좋은 길 얻기를 구하노라 … 형제들아 내가 여러 번 너희에게 가고자 한 것을 너희가 모르기를 원하지 아니하노니"(롬 1:10, 13). 우리는 이 말씀을 통해 사도 바울의 라이프스타일을 볼 수 있습니다. 우리는 시간이 있거나, 돈이 있거나, 가고 싶은 마음이 있어야 갑니다. 그런데 바울은 달랐습니다. 하나님이 허락해 주실 때, 모든 여건이 허락될 때를 기다렸습니다. 기도보다, 말씀보다, 성령보다 앞서지 않으려고 애를 썼습니다.

"헬라인이나 야만인이나 지혜 있는 자나 어리석은 자에게 다 내가 빚진 자라"(롬 1:14). 바울은 이방의 사도로 부름 받았기에 이방에 있는 사람들에게 가서 복음을 전해야 한다는 부담감이 있었습니다. 어떻게 보면 이러한 채무 의식이 사도 바울을 줄기차게 밀어붙여 끊임없이 선교 여행을 떠나가게 하는 열정의 에너지가 되었습니다.

복음은 예수 그리스도

사도 바울은 로마서 1장 2절과 4절에서 "이 복음은 … 우리 주 예수 그리스도시니라"고 말씀합니다. 예수 그리스도가 바로 복음이고, 그를 믿는 자는 구원을 얻는다는 것입니다. 예수 그리스도를 믿은 결과로 하나님 앞에서 의롭다 함을 받고, 구원을 받고, 구원을 받았기 때문에 영생을 얻게 되고, 그렇기에 복음이나 복음 전하는 것을 부끄러워하지 않는다는 것입니다. 왜냐하면 "이 복음은 모든 믿는 자에게 구원을 주시는 하나님의 능력이"(롬 1:16) 되기 때문입니다.

'능력'은 헬라어로 두나미스(δύναμις)라고 합니다. 우리가 아는 다이너마이트라는 단어가 여기에서 나왔습니다. 복음에는 능력이 있습니다. 복음의 핵심은 예수님이 우리를 위해서 십자가에 달려 죽으시고 살아나신 십자가 부활의 능력입니다. 이 예수님을 만난 사람은 성령 하나님이 그 사람의 마음을 만져 주십니다. 그리고 구원받는 순간 의인의 반열로 올라가게 됩니다. 소속과 신분이 바뀌는 것입니다. "복음에는 하나님의 의가 나타나서 믿음으로 믿음에 이르게 하나니 기록된 바 오직 의인은 믿음으로 말미암아 살리라"(롬 1:17).

복음은 예수 그리스도입니다. 복음이신 예수 그리스도를

받아들이고 믿는 사람은 구원을 받고, 구원을 받은 사람은 죄인에서 의인으로 신분이 바뀌게 됩니다. 빚진 자에서 탕감 받은 자가 되는 것입니다. 모든 눌리고, 갇히고 병든 데서 치유와 회복과 자유가 오는 것입니다. 이방인에 불과하던 사람이 이제는 주류가 되고, 본류가 되고, 일류가 되는 것입니다.

누가복음 15장에는 탕자의 비유가 나옵니다. 탕자가 돌아와서 "아버지 내가 하늘과 아버지께 죄를 지었사오니 지금부터는 아버지의 아들이라 일컬음을 감당하지 못하겠나이다" (눅 15:21) 하며 자신을 품꾼 중 하나로 생각해 달라 할 때 아버지는 아들을 상속권이 있는 신분으로 그대로 받아들이며 그에게 가락지를 끼워 주고, 신발을 신겨 줍니다. 그 당시 신발은 자유민만이 신는 것이었습니다. 노예들은 신발을 신지 않았습니다. 가락지 또한 그 자체로 권위와 상속권을 상징하는 것입니다.

예수를 믿는다는 것은 우리가 더 이상 일꾼이나 종, 노예가 아닌 하나님의 자녀가 된다는 것입니다. 죄인에서 의인의 반열로 옮겨지는 것입니다. 그럴 때 변화된 사람은, 예수를 믿는 사람은 의인의 반열에 서기 때문에 세상에 흔들리거나 사람 때문에 요동치지 않습니다. 주님만 바라보며 의지하고, 그분만을 따라가는 믿음의 삶을 살게 되는 것입니다.

오직 믿음으로

험한 세상을 살다 보면 세파에 시달려 믿음이 흐트러지기 쉽습니다. 그럴 때 우리는 어떻게 해야 할까요? 그때마다 우리는 마틴 루터가 외쳤던 "의인은 믿음으로 산다"는 고백으로 우리 믿음을 리셋해야 합니다. 믿음을 새롭게 하기 위해 의인의 반열에 설 것을, 의를 따라가기를 다시금 결단해야 합니다.

의인의 반열에 서면 어떻게 될까요? 베드로전서 3장 12절은 "주의 눈은 의인을 향하시고"라고 말씀합니다. 하나님은 의인을 향해 관심을 가지신다는 것입니다. 의인을 향해 얼굴을 비추시고, 의인을 향해 은혜를 베풀어 주신다는 것입니다. 성경은 노아에 대해 "의인이요 당대에 완전한 자"(창 6:9)라고 말씀합니다. 온 땅이 부패하고 포악함이 가득했을 때 노아 한 사람만 의인으로 인정을 받았습니다. 그래서 온 세상이 물 심판을 당할 때 노아의 가정만 구원받게 되었습니다. 이처럼 하나님은 의인 한 사람에게만 집중하십니다.

누가복음 1장에는 세례 요한의 부모인 사가랴와 엘리사벳이 등장합니다. 성경은 "이 두 사람이 하나님 앞에 의인이니 … 흠이 없이 행하더라"(6절)고 말씀합니다. 이들은 늙기까지 자식이 없었습니다. 그런데 아주 늙어서 인간적으로 포기할

나이에 하나님이 천사를 통해 세례 요한을 주셨습니다. 믿음의 조상인 아브라함도 100세에 아들을 낳았습니다. 그의 아들인 이삭은 환갑 때 아들을 낳았습니다. 그리고 이삭의 아들 야곱은 20년 동안 처가에 얹혀살았습니다.

기도 응답이 안 되었다고 걱정하지 마십시오. 늦어도 늦은 게 아닙니다. 사가랴와 엘리사벳 부부는 하나님 앞에 의인이고 반듯하게 살았지만 모든 복을 받지는 못했습니다. 그러나 하나님의 때에 "여자가 낳은 자 중에 요한보다 큰 자가 없도다"(눅 7:28)라고 말씀하신 세례 요한을 그 태에 허락하셨습니다.

하나님은 의인을 향해 집중하십니다. 소돔과 고모라가 멸망한 이유가 무엇입니까? 소돔과 고모라는 죄인이 많아서 망한 것이 아니라 의인 열 명이 없었기 때문에 망했습니다. 그러므로 우리는 죄인 때문에, 나쁜 사람들 때문에 속상해할 필요가 없습니다. 그들이 잘되는 것을 배 아파할 필요도 없습니다. 하나님이 찾으시는 사람, 하나님에게 쓰임 받는 사람은 결국 의인이기 때문입니다.

"너희는 예루살렘 거리로 빨리 다니며 그 넓은 거리에서 찾아보고 알라 너희가 만일 정의를 행하며 진리를 구하는 자를 한 사람이라도 찾으면 내가 이 성읍을 용서하리라"(렘 5:1). 하나님은 의인 한 사람만 데리고 오면 예루살렘 성을 통째로 용서하겠다고 말씀하셨습니다. 그런데 그 한 사람이 없어서 예루살렘 성이 무너졌습니다. 기드온의 300 용사는 무엇입니까? 이들은 특공대가 아닙니다. 135,000명의 미디안 군대가 쳐들어왔을 때 담대한 믿음을 가진 가장 적은 숫자로 하나님의 구원 역사를 이루신 것입니다. 이는 창조적인 소수입니다. 의인 한 사람이 중요하다는 것입니다.

사람은 조직을, 시스템을, 프로그램 또는 예산을 생각하지만 하나님은 그렇지 않습니다. 하나님은 당신 마음에 맞는 사람을 찾으십니다. 하나님 앞에 반듯한 의인 한 사람을 찾으시는 것입니다. 하나님은 믿음의 사람, 주님을 의지할 줄 아는 사람, 주님을 신뢰하고 주님 앞에 부르짖을 줄 아는 한 사람만 있으면 역사와 족보와 문화를 만들어 가는 분이십니다. 갈렙과 여호수아 시대를 보십시오. 이스라엘 열두 지파 중에서 선발한 사람이 열두 명입니다. 그러나 하나님은 셈이 밝은 열 명이 아닌 믿음으로 나아간 갈렙과 여호수아 두 사람만이 약속의 땅을 차지하게 하셨습니다.

의인이 누리는 복

우리는 돈과 힘, 스펙을 자랑하는 시대를 살고 있습니다. 눈에 보이는 것이 진실이고 손에 잡히는 것이 돈이 되는 시대를 살아가고 있는 것입니다. 하지만 성경 속 믿음의 사람들은 눈에 보이지 않아도 오직 주만 바라보고 의지하며 하나님 중심으로 살아가 의인의 반열에 섰습니다. 하나님은 숫자나 덩치나 규모가 아니라 깨어 있는 한 사람, 의인의 반열에 선 한 사람을 통해서 역사를 이루어 가십니다.

시편 37편 25절은 "내가 어려서부터 늙기까지 의인이 버림을 당하거나 그의 자손이 걸식함을 보지 못하였도다"라고 말씀합니다. 당대에는 고생하며 세상으로부터 외면 받을지라도 의인의 자손은 빌어먹는 법이 없다는 것입니다. 또한 야고보서 5장 16절은 "의인의 간구는 역사하는 힘이 크니라"고 말씀합니다. 힘들고 서러워도 세월이 지나가면 하나님이 붙드신다는 것입니다. 의인의 반열에 서기만 하면 하나님이 도우신다는 것입니다. 이것이 하나님의 법칙입니다.

"의인은 종려나무같이 번성하며 레바논의 백향목같이 성장하리로다"(시 92:12). 성경은 의인의 성장에 대해 말씀합니다. 시냇가에 심긴 나무와 같이 마르지 않는 복을 받는다는 것입니다. 하나님이 우리를 붙드실 때 의인의 반열에 서기만 하면 반드시 자란다는 것입니다. 그 기도는 역사하는 힘이 크고, 자손은 번성하며, 그로 인해 역사와 문화가 만들어진다는 것입니다.

하박국 선지자는 하나님에게 '세상에서 왜 악인이 성공하고 득세하며 승리하느냐'고 묻습니다. 이에 대해 하나님은 "의인은 그의 믿음으로 말미암아 살리라"(합 2:4)고 말씀하십니다. 무슨 말입니까? 악인들이 득세하는 것처럼 보일지라도 여전히 세상을 다스리고 주관하고 섭리하시는 분은 하나님이시라는 것입니다. 생로병사, 흥망성쇠, 생사화복을 주관하는 분이 하나님이시기 때문에 환난과 고통의 때에도 의인은 하나님이 그의 약속을 반드시 지키실 거라는 믿음으로 하나님만을 신뢰하고 의지하며 살아야 한다는 것입니다.

"잠시 잠깐 후면 오실 이가 오시리니 지체하지 아니하시리라 나의 의인은 믿음으로 말미암아 살리라 또한 뒤로 물러가면 내 마음이 그를 기뻐하지 아니하리라 하셨느니라 우리는 뒤로 물러가 멸망할 자가 아니요 오직 영혼을 구원함에 이르는 믿음을 가진 자니라"(히 10:37-39). 이 말씀 뒤에 믿음의 영웅들의 이야기가 등장합니다. 그들은 눈에 보이지 않고 손에 잡히지 않아도 '오직 믿음', 그 믿음 하나로 나아갔습니다. 세상은 눈에 보이고 손에 잡히는 것을 중요하게 여깁니다. 그러나 성도의 삶은 다릅니다. 반드시 달라야 합니다.

오직 예수, 오직 믿음으로 주님만 바라보며 나아가십시오. 오직 믿음으로 살아가는 사람은 주님 때문에 행복하고, 주님 때문에 흥분합니다. 사람의 어떤 말이나 세파에 요동하지 않습니다. 우리는 예수를 믿어 죄인에서 의인으로 신분이 바뀌었습니다. 이것이 입으로만 외치는 고백이 되지 않도록 날마다 담대하고 굳센 믿음을 구하시길 바랍니다.

12. 감사 회복

"항상 기뻐하라 쉬지 말고 기도하라 범사에 감사하라 이것이 그리스도 예수 안에서 너희를 향하신 하나님의 뜻이니라"(살전 5:16-18).

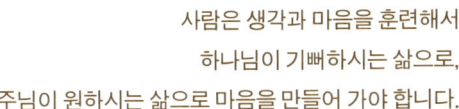

사람은 생각과 마음을 훈련해서
하나님이 기뻐하시는 삶으로,
주님이 원하시는 삶으로 마음을 만들어 가야 합니다.

"항상 기뻐하라 쉬지 말고 기도하라 범사에 감사하라 이것이 그리스도 예수 안에서 너희를 향하신 하나님의 뜻이니라"(살전 5:16-18). 이 말씀은 한국 사람들이 제일 좋아하는 성경 구절이라고 합니다. 하나님의 뜻대로 살려면 이 말씀대로 행해야 합니다. 그런데 이렇게 살기란 매우 어렵습니다.

데살로니가전서 1-3장을 보면 사도 바울이 데살로니가교회 성도들의 칭찬을 많이 합니다. 한 예로, 데살로니가전서 1장 3절은 "너희의 믿음의 역사와 사랑의 수고와 우리 주 예수 그리스도에 대한 소망의 인내를 우리 하나님 아버지 앞에서 끊임없이 기억함이니"라고 말씀합니다. 그러다 4-5장에서는 성도들에게 실제적인 교훈을 하고, 마지막 장인 5장에서는 "사랑 안에서 가장 귀히 여기며 너희끼리 화목하라"(13절)고 말씀합니다. 사람을 존중하고 귀중히 여기는 건 어려운 일입니다. 내가 행복하지 않으면 남을 귀중히 여기기가 쉽지 않습니다. 그런데 더 나아가 "모든 사람에게 오래 참으라"(14절)고 말씀합니다. 그리고 "항상 선을 따르라"(15절)고 말씀합니다. 그러면서 이어지는 말씀이 "항상 기뻐하라 쉬지 말고 기도하라 범사에 감사하라"(16-18절)입니다.

마음의 근육을 단련하라

그렇다면 우리는 어떻게 그런 삶을 살아갈 수 있을까요? 이때 우리에게 필요한 것이 항상성(恒常性, homeostasis)입니다. 이것이 하나의 체질이 되고 습성이 될 만큼 행하는 것입니다. 말씀이 체질이 되어서 항상 기뻐하고 기도하며 감사하는 삶을 사는 것입니다. 마음에도 알통이 있습니다. 생각에도 근육이 있고 통뼈가 있습니다. 무슨 말입니까? 마음과 생각을 어떻게 먹느냐가 중요하다는 것입니다. 사건보다 해석이 중요하다고, 우리에게 어떤 일이 닥치든 그 일을 어떻게 해석하고 적용하느냐, 소화시키느냐가 중요한 것입니다.

사람마다 자기만의 생각의 틀, 곧 사고방식이 있습니다. 사람은 생각과 마음을 훈련해서 하나님이 기뻐하시는 삶으로, 주님이 원하시는 삶으로 마음을 만들어 가야 합니다. 그런데 우리 마음은 긍정적이기보다는 부정적일 때가 더 많습니다. 우리 마음에는 끝 모르는 불안감이 있기 때문입니다.

한국 사람들에게는 누구나 할 것 없이 콤플렉스가 있다고 합니다. 끊임없이 비교하는 가운데서 기본적으로 열등감과 불안감이 내면에 깊이 배어 든 것입니다. 한국 사람들이 갖는 열등감은 크게 세 가지로 나눌 수 있습니다. 첫째는 학벌에 대한 열등감, 둘째는 외모에 대한 열등감, 셋째는 집안에 대한 열등감입니다. 이 세 가지에서 자유로운 사람은 없다는 것입니다.

많이 배운 사람은 열등감이 없을까요? 오히려 학벌 콤플렉스는 공부를 많이 할수록 더 심해집니다. 계속해서 비교하게 되기 때문입니다. 외모 또한 마찬가지입니다. 다른 사람과 비교하며 좀 더 예뻐지기 위해 성형 수술까지 감행합니다. 그래서 우리나라에 붙은 꼬리표가 '한국은 성형 천국'이라는 말입니다. 집안에 대한 열등감은 어떻습니까? 성장 과정이 힘겹고 역기능적인 가정에서 자란 사람은 어쩔 수가 없습니다. 살아가면서 생긴 상처가 자꾸 덧나면서 많은 부작용들을 낳는 것입니다.

　우리가 감사하고 기뻐하기 위해서는 생각을 돌려야 합니다. 생각을 회전해야 합니다. 그러기 위해서는 '3비 3망'을 하지 마십시오. 3비는 무엇입니까? 비교와 비판을 하지 않고 비만에 빠지지 않는 것입니다. 3망은 무엇입니까? 원망과 책망을 하지 않고 사람에 대한 희망을 접는 것입니다. 사람은 비교하는 가운데서 원망하고, 책망하는 가운데서 삶의 관계에 악순환이 일어납니다. 인간이 싫고, 현실이 싫고, 가정이 싫고, 그래서 사람을 미워하고, 책망하고, 원망하다 보면 우리 마음에 악순환이 일어나 기쁨과 기도와 감사 또한 무너지게 되는 것입니다.

일상에서 감사를 찾으라

　이 땅에 살아가면서 감사한 것을 헤아려 보십시오. 감사한 것을 자꾸 생각하고 적어 보십시오. '적자생존', 적는 자만이 살아남습니다. 감사 제목을 자꾸 적다 보면, 감사로 기도하고 감사로 찬송하며 감사를 표현하다 보면 일단 감사, 선불 감사, 평생 감사, 절대 감사, 습관 감사 등 우리 삶에 감사가 넘치게 될 것입니다.

손양원 목사님은 두 아들을 공산당 손에 잃은 후 열 가지 감사를 했습니다. "미국 가려고 준비하던 내 아들 미국보다 더 좋은 천국 갔으니 내 마음 안심되어 감사합니다. 한 아들의 순교도 귀하다 하는데 하물며 두 아들의 순교리요, 감사합니다…." 그것이 어찌 감사가 되었겠습니까? 그러나 이게 바로 절대 감사입니다. 감사하게 생각하면 뭐든지 감사가 되는 것입니다.

저는 절대 감사하면 성경 인물 중 히스기야를 생각합니다. 하나님의 선지자가 나타나 엄청난 저주를 하는데 히스기야 왕은 괜찮다고, 감사하다고 고백합니다. 자신의 살아생전에 충분한 복을 받았으니 그것으로 되었다는 것입니다. 아무리 생각해도 감사한 것밖에 없다는 것입니다. 자식에게 일어날 일들은 자신이 걱정할 바가 아니라는 것입니다.

저는 히스기야의 감사가 이 시대 우리의 감사와 참으로 비슷하다고 생각합니다. 자식 걱정을 아무리 한들 아들 대신 군대에 갈 수는 없습니다. 딸 대신 시집갈 수도 없습니다. 자녀들은 자녀들의 인생을 살아가는 것입니다. 아직 먼 미래에 대한 걱정을 태산같이 하는 것도 하나님에게 대한 불신입니다. 오늘 주신 일용할 양식에 감사하고, 지금까지 하나님이 복 주시고 인도해 주신 것에 감사하는 것이 참 믿음의 삶입니다. 그러면 그 흐름이 선순환으로 흘러가게 됩니다.

최고의 기도는 감사 기도입니다. 감사가 회복되면 기도가 달라질 수밖에 없습니다. 우리 하나님은 좋으신 하나님, 자식에게 좋은 것을 주려고 애쓰는 아버지이십니다. 설령 우리가 실수를 해도 하나님은 합력해서 선을 이루시는 분입니다. 그렇기 때문에 하나님을 향한 신뢰가 있는 사람은 일단 감사, 평생 감사, 절대 감사로 나아가야 합니다.

고난에서 피어나는 감사의 꽃

감사는 생각하기 나름입니다. 다니엘을 보십시오. "다니엘이 이 조서에 왕의 도장이 찍힌 것을 알고도 자기 집에 돌아가서는 윗방에 올라가 예루살렘으로 향한 창문을 열고 전에 하던 대로 하루 세 번씩 무릎을 꿇고 기도하며 그의 하나님께 감사하였더라"(단 6:10). 지금 그가 처한 상황은 감사할 분위기가 아닙니다. 기도가 끝나면 체포되어 감옥에 갈 것을 뻔히 알면서도 그는 감사했습니다. 그 감사의 습관이 다니엘을 탁월한 사람으로 만들어 간 것입니다.

요셉도 마찬가지입니다. 엄마는 동생을 낳다 죽고, 자신은 형들에게 미움을 받아 노예로 팔리며 험한 일들을 많이 겪었으나 성경은 요셉의 "용모가 빼어나고 아름다웠더라"(창 39:6)고 말씀합니다. 이러한 그의 삶의 태도는 7년 풍년이 와도 감사하고 7년 대기근이 와도 버틸 수 있는 힘이 되었습니다.

욥은 어떤 사람입니까? 인생의 힘든 시기마다 하나님이 우리를 붙드신다는 그 중심이 있었던 사람이었습니다. "우스 땅에 욥이라 불리는 사람이 있었는데 그 사람은 온전하고 정직하여 하나님을 경외하며 악에서 떠난 자더라 … 이 사람은 동방 사람 중에 가장 훌륭한 자라 … 그의 아들들이 자기 생일에 각각 자기의 집에서 잔치를 베풀고 … 그들이 차례대로 잔치를 끝내면 욥이 그들을 불러다가 성결하게 하되 아침에 일어나서 그들의 명수대로 번제를 드렸으니 … 욥의 행위가 항상 이러하였더라"(욥 1:1, 3-5). 그는 감사의 습관이, 하나님 앞에 예배의 습관이 배어 있는 사람이었습니다.

물고기 배 속에 갇힌 요나는 "내 영혼이 내 속에서 피곤할 때에 … 나는 감사하는 목소리로 주께 제사를 드리며"(욘 2:7, 9)라고 고백했습니다. 영혼이 피곤할 정도로 피폐해진 인생 막장 최악의 상황에서 감사를 고백한 것입니다. 하박국 또한 마찬가지입니다. "비록 무화과나무가 무성하지 못하며 포도나무에 열매가 없으며 감람나무에 소출이 없으며 밭에 먹을 것이 없으며 우리에 양이 없으며 외양간에 소가 없을지라도 나는 여호와로 말미암아 즐거워하며 나의 구원의 하나님으로 말미암아 기뻐하리로다 주 여호와는 나의 힘이시라 나의 발을 사슴과 같게 하사 나를 나의 높은 곳으로 다니게 하시리로다"(합 3:17-19).

고민이 태산 같아도 생각하기 나름입니다. 그것이 행복한 고민입니다. 하나님은 사랑하는 자에게 고난을 주십니다. 그런데 그 고난을 어떻게 생각하느냐에 따라 삶이 달라집니다. 매도 먼저 맞는 게 감사하고, 남들이 나중에 겪을 일을 미리 겪고 보니 예방도 되고 맷집도 형성되어 감사하고, 넘어진 김에 쉬어 가니 감사하다고 생각해 보십시오. 그럴 때 고난은 더 이상 고난이 아닙니다.

위기를 뒤집어 기회로 만들라

우리가 믿고 의지할 분은 하나님뿐입니다. 우리는 주님만 바라봐야 합니다. 주님만 의지해야 합니다. 나이에 따라, 환경에 따라 위기도 달라집니다. 그러나 달라져서는 안 되는 게 있다면 감사입니다. 위기를 감사 제목으로 만드십시오. 문제를 문제 삼지 말고 감사 제목으로 만들어 버리십시오. 감사는 감사를 낳습니다. 감사가 관계를 회복하고, 축복의 통로로 연결되기 때문에 늘 마음에 기쁨이 넘치게 됩니다.

구원의 즐거움을 누리며 감격하는 사람은 얼굴이 아름다울 수밖에 없습니다. 내면에 평화가 있는 사람과 짜증이 가득한 사람의 얼굴이 같을 수 없기 때문입니다. 마음의 쓴 뿌리, 마음의 분노를 덮는 것이 감사 기도입니다. 감사하십시오. 마음에 분노가 일어나다가도 금새 사라질 것입니다. 암 재발을 막는 최고의 정신 건강 처방은 감사라고 합니다. 감사를 하면 스트레스가 줄어들고 행복 호르몬인 세라토닌 분비가 증가되어서 면역 기능이 강화되고 저항력이 회복된다고 합니다.

일단 감사하십시오. 미리 감사하십시오. 지금은 어려워도 하나님이 반드시 잘되게 하실 거라 믿으며 선불 감사를 드리십시오. 감사가 회복되면 삶이 회복되고, 삶이 회복되면 더 많은 감사거리가 넘칠 것입니다. 삶의 아름다운 선순환이 일어나게 될 것입니다.

13. 신앙의 세 가지 골든타임

"예수께서 세례를 받으시고 곧 물에서 올라오실새 하늘이 열리고 하나님의 성령이 비둘기같이 내려 자기 위에 임하심을 보시더니 하늘로부터 소리가 있어 말씀하시되 이는 내 사랑하는 아들이요 내 기뻐하는 자라 하시니라"(마 3:16-17).

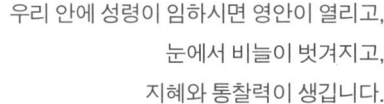

> 우리 안에 성령이 임하시면 영안이 열리고,
> 눈에서 비늘이 벗겨지고,
> 지혜와 통찰력이 생깁니다.

사역에 있어 중요한 것은 '타이밍'입니다. 타이밍에는 세 가지가 있는데, 첫째는 골든타임, 둘째는 하프타임 그리고 셋째는 파이널타임입니다.

　골든타임은 초기에 대응할 수 있는 황금 같은 시간입니다. 기선제압, 초전박살은 모두 골든타임에 의해 결정됩니다. 하프타임은 휴식 시간입니다. 시편 107편 30절은 "그들이 평온함으로 말미암아 기뻐하는 중에 여호와께서 그들이 바라는 항구로 인도하시는도다"라고 말씀합니다. 하나님은 복을 주시기 전에 평강을 먼저 주신다는 것입니다. 파이널타임은 마지막 최종 점검 시간입니다. 종착점에 거의 이르렀다는 것입니다.

사람은 결론이 중요합니다. 골든타임과 하프타임 모두 중요하지만, 사람은 늘 끝이 좋아야 합니다.

3년을 위한 30년의 침묵

예수님이 이 땅에 오셔서 공생애 사역을 본격적으로 시작하시기에 앞서 하신 일이 무엇일까요? '30년 동안의 침묵'입니다. 예수님은 이 땅에 오셔서 3년간 사역을 하셨습니다. 이는 30년 동안 가만히 침묵하셨다는 것입니다. 예수님은 30년 동안 한 번의 기적도 행하지 않고 가만히 계셨던 것입니다.

국민 MC라고 불리는 방송인 유재석은 오랜 무명의 시간을 보냈습니다. 무명의 시절, 가난한 시절, 어려운 시절을 오래 보내면서 내공이 잘 다져져 결국엔 많은 사람들의 사랑을 받는 방송인이 되었습니다. 기도는 길어도 응답은 순간이라는 말이 있습니다. 초반에 성공하는 것은 비극입니다. 무슨 일이든 때가 차야 합니다. 성경은 "선을 행하되 낙심하지 말지니 포기하지 아니하면 때가 이르매 거두리라"(갈 6:9)고 말씀합니다. 나무는 봄에 꽃을 피우고 자라지만 겨울에 단단해집니다. 우리는 이 기다림의 시간을 잘 견뎌야 합니다.

30년의 기다림이 끝난 후 예수님이 본격적인 사역을 시작하실 때 세 가지 사건이 벌어집니다. "예수께서 세례를 받으시고 곧 물에서 올라오실새 하늘이 열리고 하나님의 성령이 비둘기같이 내려 자기 위에 임하심을 보시더니 하늘로부터 소리가 있어 말씀하시되 이는 내 사랑하는 아들이요 내 기뻐하는 자라 하시니라"(마 3:16-17). 하늘 문이 열리고, 성령님이 임하시고, 하늘로부터 소리를 듣게 되는 이것이 예수님이 본격적으로 사역을 시작하시기에 앞서 나타난 세 가지 골든타임입니다. 이 세 가지는 필요충분하고 완전한 것입니다.

예수님의 세 가지 골든타임

먼저, 하늘 문이 열린다는 것은 무엇입니까? 성경은 "여호와께서 너를 위하여 하늘의 아름다운 보고를 여시사 네 땅에 때를 따라 비를 내리시고 네 손으로 하는 모든 일에 복을 주시리니"(신 28:12)라고 말씀합니다. 우리가 기도할 때 하늘의 아름다운 보고가 열린다는 것입니다. 내가 애쓰고 노력하는 것에는 한계가 있습니다. 우리는 하나님이 열어서 부어 주시는 복을 받아야 합니다.

두 번째로, 성령이 임하셨다는 것은 무엇입니까? 어떤 사람이 신앙생활을 잘하고 못하고의 관건은 '성령님과의 관계'입니다. 사도행전 1장 8절은 "오직 성령이 너희에게 임하시면 너희가 권능을 받고 예루살렘과 온 유대와 사마리아와 땅 끝까지 이르러 내 증인이 되리라"고 말씀합니다. 또 에베소서는 "너희가 어떻게 행할지를 자세히 주의하여 지혜 없는 자 같이 하지 말고 오직 지혜 있는 자같이 하여 세월을 아끼라 때가 악하니라 그러므로 어리석은 자가 되지 말고 오직 주의 뜻이 무엇인가 이해하라 술 취하지 말라 이는 방탕한 것이니 오직 성령으로 충만함을 받으라"(엡 5:15-18)고 말씀합니다.

여호수아는 성령님이 머물러 계셨던 사람입니다. 다윗은 죄를 범한 후 "주의 성령을 내게서 거두지 마소서"(시 51:11)라고 간구했습니다. 그리고 다니엘에게는 하나님의 거룩한 영이 늘 함께 있었습니다. 우리 안에 성령이 임하시면 영안이 열리고, 눈에서 비늘이 벗겨지고, 지혜와 통찰력이 생깁니다. 마음이 담대해집니다. 우리는 성령으로 충만할 때 담대하게 나아갈 수 있습니다.

예수님은 성령이 임하신 이후 성령에게 이끌리어 광야에서 마귀에게 시험을 받으셨습니다. 그리고 초전박살, 기선제압으로 승리하신 후 공생애 사역을 본격적으로 시작하셨습니다. 성령을 제한하지 마십시오. 성령을 무시하지 마십시오. 성령을 근심하게도, 소멸하지도 마십시오. 우리도 성령의 능력으로 기선제압, 초전박살을 내야 합니다.

세 번째로, 주님은 "내 사랑하는 아들 … 기뻐하는 자"라는 소리를 들으셨습니다. 하나님의 사랑을 받으셨다는 것입니다. 그리고 예수님이 하나님의 기쁨이 되셨다는 것입니다. 우리도 하나님의 사랑을 받는 성도가 되어야 합니다. 사랑받는 단계를 지나서 주님의 기쁨이 되기를 소망해야 합니다.

우리 신앙에도 이 세 가지 골든타임이 필요합니다. 하늘 문을 열고 부어 주시는 하나님의 복을 구하십시오. 날마다 성령으로 충만하기를 간구하십시오. 그리고 하나님의 사랑받는 자녀가 되기를 갈망하십시오. 이 세 가지는 예수님의 사역뿐 아니라 우리 삶과 신앙에 있어서도 꼭 필요한 것입니다.

14. 복 있는 사람들

"복 있는 사람은 악인들의 꾀를 따르지 아니하며 죄인들의 길에 서지 아니하며 오만한 자들의 자리에 앉지 아니하고 오직 여호와의 율법을 즐거워하여 그의 율법을 주야로 묵상하는도다 그는 시냇가에 심은 나무가 철을 따라 열매를 맺으며 그 잎사귀가 마르지 아니함 같으니 그가 하는 모든 일이 다 형통하리로다 악인들은 그렇지 아니함이여 오직 바람에 나는 겨와 같도다 그러므로 악인들은 심판을 견디지 못하며 죄인들이 의인들의 모임에 들지 못하리로다 무릇 의인들의 길은 여호와께서 인정하시나 악인들의 길은 망하리로다"(시 1:1-6).

> 복 있는 사람은 지혜가 있는 사람입니다.
> 지혜가 있다는 것은
> 분별력이 있다는 것입니다.

시편에는 사람이 살아갈 때 겪게 되는 희로애락(喜怒哀樂), 우리의 감정과 마음에 일어나는 모든 주제가 기록되어 있습니다. 그중 1편은 시편 전체의 총론이요, 서론이요, 주제 말씀이 됩니다.

시편 1편은 '복 있는 사람은'이라는 말씀으로 시작됩니다. 그러면서 복 있는 사람과 악인, 의인과 죄인을 각각 '시냇가에 심은 나무'와 '바람에 나는 겨'로 대조하며 설명합니다. "될성부른 나무는 떡잎부터 알아본다"는 속담처럼 복 있는 사람은 복 있는 사람대로의 특징이 있고, 복 없는 사람은 복이 없을 수밖에 없는 조건들이 있다는 것입니다. 그렇다면 그 조건은 무엇입니까?

복 있는 사람은?

지혜롭게 분별함

첫째, 복 있는 사람은 지혜가 있는 사람입니다. "복 있는 사람은 악인들의 꾀를 따르지 아니하며"(시 1:1). 이는 분별력이 있다는 것입니다. 분별력 중에서도 가장 중요한 것은 '영 분별'입니다. 요한복음 6장 63절은 "살리는 것은 영이니 육은 무익하니라"고 말씀합니다. 영이 바르고 건강해야 유익한 사람이 된다는 것입니다. 육체의 정욕, 이생의 자랑과 같은 육적인 것은 백해무익(百害無益)하다는 것입니다. 그래서 베드로전서 2장은 "순전하고 신령한 젖을 사모하라"(2절)고 말씀합니다. 똑같은 물도 뱀이 먹으면 독이 되고 소가 먹으면 우유가 됩니다. 순전하고 신령한 젖을 사모하는 사람에게서는 영적인 것이 나갈 수밖에 없습니다.

'악인들의 꾀'라는 것은 잔머리를 굴린다는 것입니다. "자기 꾀에 자기가 넘어간다"는 말이 있습니다. 잔머리를 굴려가지고는 안 된다는 것입니다. 우리는 일리(一理)가 아닌 진리(眞理)를 따라가야 합니다. 편리(便利)가 아닌 진리를 좇아야 합니다. 재미있게, 흥미 있게 살아가는 데 그치지 말고 의미심장한 삶을 살아야 합니다.

우리 안에 세속적이고 정욕적인 것이 가득 차 있으면 순전하고 신령한 젖을 따라갈 수가 없습니다. 지혜롭다는 것은 삶에 우선순위가 있다는 것입니다. 신변잡기, 잡동사니에 불과한 것에 시간과 에너지를 허비하지 않는다는 것입니다. 지혜롭기 위해서는 핵심을 잘 파악해야 합니다. 주제 파악을 잘해야 한다는 것입니다.

마음을 잘 챙기십시오. 마음이 흘러가는 대로 내버려 두어서는 안 됩니다. 우리는 다윗과 같이 "내 마음이 확정되었고 내 마음이 확정되었사오니 내가 노래하고 내가 찬송하리이다 내 영광아 깰지어다 비파야, 수금아, 깰지어다 내가 새벽을 깨우리로다"(시 57:7-8) 하며 고백해야 합니다. 모든 것은 마음에서부터 시작되기 때문입니다.

원동현 박사는 실력 있는 사람에게 다섯 가지 힘이 있다고 말합니다. 그것은 곧 심력, 지력, 체력, 인간관계 능력 그리고 자기통제 능력입니다. 그런가 하면 강영우 박사는 아홉 가지의 힘을 이야기합니다. 그중에 가장 중요한 것은 '의사소통 능력'입니다. 자기를 정확하게 표현하고 남의 이야기를 경청할 줄 아는 대화가 가능한 사람이 되어야 한다는 것입니다.

실력 있는 사람에게 필요한 '여덟 가지 쌍기역 시리즈'가 있습니다. '꿈, 꾀, 끼, 깡, 끈, 꾼, 꼴, 끝'입니다. '꿈'은 비전입니다. 이는 최상의 목표를 뜻합니다. '꾀'는 시편 1편의 말씀처럼 지혜가 있는 것입니다. 악인의 길을 따르지 않는 것입니다. '끼'는 재주와 능력입니다. 하나님이 주신 달란트라고 할 수 있습니다. '깡'은 담력이 있는 것이고, '끈'은 팽팽한 기도의 끈을 놓지 않는 것입니다. '꾼'은 말썽꾼이 아닌 일꾼, 프로가 되는 것이고, '꼴'은 꼴값을 제대로 하는 것입니다. 그리고 마지막으로 '끝'은 끝내주는 사람, 끝을 보는 사람, 뒤끝이 좋은 사람입니다.

항상 좋으신 하나님, 선하신 하나님을 바라보면 우리는 좋은 사람이 될 수밖에 없습니다. 바라봄의 법칙이 그렇습니다. 하나님이 우리를 위해 예비해 놓으신 길, 곧 주의 길을 따라가다 보면 우리는 주님을 닮게 됩니다. 복 있는 사람이 되는 것입니다. 그러나 악인들은 그렇지 않습니다. 바람에 나는 겨와 같기 때문입니다. 실패하는 사람은 실패할 수밖에 없습니다. 실패하는 사람들의 특징은 부정적이기 때문입니다. 실패할 수밖에 없는 사고방식과 생활 습관이 그 사람을 그렇게 만들어 버리는 것입니다.

남다른 위치 선정

복 있는 사람의 두 번째 특징은 위치 선정이 남다르다는 것입니다. "죄인들의 길에 서지 아니하며 오만한 자들의 자리에 앉지 아니하고"(시 1:1). 사람은 환경의 영향을 받을 수밖에 없습니다. 그래서 우리는 세상이 아닌 주님 편에 서 있어야 합니다. 선택은 포기를 전제로 합니다. '죄인들의 길', '오만한 자들의 자리'에는 가지도 말고 서지도 마십시오. 좋은 사람, 복 있는 사람, 하나님이 싸고도는 사람 옆에 있으면 우리 삶 또한 달라집니다. 그런 사람은 "오직 여호와의 율법을 즐거워하여 그의 율법을 주야로 묵상"(시 1:2)합니다.

복은 말씀에서부터 나옵니다. 하나님의 말씀을 읽으며 묵상할 때 거기서 답을 찾고, 길을 찾고, 복을 찾고, 약을 얻게 되는 것입니다. 예배하는 게 좋고 말씀 들을 때가 가장 편안해야 합니다. 말씀이 우리 귀에 박히고 찬양이 가슴에 촉촉하게 와 닿아야 합니다. 말씀과 기도로 우리 삶이 거룩하게 디자인되어야 합니다.

하나님은 복을 주시기 전에 계명을, 율법을, 말씀을 주십니다. 그렇기에 우리는 여호와의 율법을 즐거워해야 합니다. 말씀 듣는 것을 즐거워해야 합니다. "믿음은 들음에서 나며 들음은 그리스도의 말씀으로 말미암았느니라"(롬 10:17)는 말씀처럼 말씀을 들어야 믿음을 얻을 수 있습니다. 우리는 말씀보다, 기도보다, 성령보다 앞서지 않아야 합니다. 말씀을 읽고 말씀이 주는 감동을 따라 살아야 합니다. 말씀대로 살지 않으면 우리가 책임져야 하지만, 말씀대로 살면 하나님이 책임지십니다. 하나님은 은혜를 공급하시고, 일마다 때마다 매일 조금씩 자라게 하십니다. 말씀을 듣는 중에 자라는 것입니다.

묵상은 영어로 'meditation'이라고 합니다. 이 단어는 'medicine'(의학), 'medical'(의학의)과 어원이 같습니다. 말씀이 약이 된다는 것입니다. 우리에게 큰 병이 발생하거나 무서운 고비를 넘어갈 때 하나님은 반드시 말씀을 주십니다. 말씀 한 구절, 찬송 한 구절에 힘을 얻어 고비를 힘껏 넘어가게 하십니다. 그러므로 예배를 삶의 최우선 순위에 두십시오. 예배를 통해 우리 삶을 고치시는 하나님의 손길을 기대하십시오.

복 있는 사람의 특징

복 있는 사람과 악인을 가르는 조건이 '지혜'와 '위치 선정'에 있다면, 이들 각각의 특징은 무엇일까요? 먼저, 성경은 복 있는 사람의 특징에 대해 "시냇가에 심은 나무"(시 1:3)와 같다고 말씀합니다. 이스라엘 땅은 대부분이 사막입니다. 그렇기에 그곳에서는 물이 곧 생명수입니다. 그렇다면 시냇가에 심은 나무란 무엇입니까? 뿌리가 수맥에 닿아 있다는 것입니다. 생명수와 연결되어 있다는 것입니다.

　예레미야 17장 13절은 하나님을 "생수의 근원"이라고 말씀합니다. 무슨 말입니까? 우리 삶의 생명수는 하나님이시라는 것입니다. 하나님에게 깊게 뿌리 내리는 사람이, 하나님을 의지하는 사람이 복 있는 사람, 곧 지혜로운 자라는 말입니다. 주님과 깊이 연결되어 있는 사람은 주님으로부터 모든 에너지와 자양분, 은혜를 공급받기 때문에, 시냇가에 심은 나무가 "철을 따라 열매를 맺으며 그 잎사귀가 마르지 아니함"(시 1:3)같이 그가 하는 모든 일이 다 형통하게 됩니다.

　당신은 어디에서 힘을 얻습니까? 우리는 다윗과 같이 "나의 힘이신 여호와여 내가 주를 사랑하나이다"(시 18:1)라고 고백할 수 있어야 합니다. 하나님을 의지하고, 자랑하고, 하나님에게 붙어 있어 그분으로부터 공급되는 힘을 얻어야 합니다. 그래야 열매 맺는 삶을 살 수 있습니다.

　'잎사귀가 마르지 않는다'는 것은 늘 푸르다는 것입니다. '늘'이란 꾸준함을 뜻합니다. 흔들리지 않는다는 것입니다. 열정도 중요하지만, 그보다 더 중요한 것은 꾸준함입니다. 성경은 이런 사람에 대해 "그가 하는 모든 일이 다 형통하리로다"(시 1:3)라고 말씀합니다. 그런데 여기서 '형통'이란 보통 수

십 년이 지나야 해석이 가능한 단어입니다. 그리고 이 단어에 딱 맞아 떨어지는 인물이 바로 요셉입니다.

창세기 49장은 요셉에 대해 "요셉은 무성한 가지 곧 샘 곁의 무성한 가지라 그 가지가 담을 넘었도다"(22절)라고 말씀합니다. 여기서 '담을 넘었다'는 표현은 해외로 팔려간 것으로도 해석할 수 있습니다. 그렇게 본다면 이 말씀은 요셉의 인생 전체를 퍼즐로 맞추어야 이해할 수 있습니다. 요셉은 서른 살 이전에는 형통한 삶이라 할 수 없습니다. 그런데 성경은 하나님이 한시도 그를 놓지 않으셨다고 말씀합니다. 하나님이 함께하셨기에 형통하게 되었다는 것입니다.

악인들의 비참한 말로

반면 악인들의 특징은 무엇입니까? 성경은 "악인들은 … 오직 바람에 나는 겨와 같도다"(시 1:4)라고 말씀합니다. '바람에 나는 겨'라는 것은 쭉정이요, 껍데기입니다. 내용이 없다는 것입니다. 추수 때 탈곡을 하고 키질을 하면 어떻습니까? 알곡은 한 곳에 모이지만 쭉정이는 다 날아가 버립니다. 아무짝에도 쓸모없는 것입니다. 또 무엇입니까? '바람에 나는 겨와 같다'는 것은 쉽게 흔들린다는 것입니다. 사탄이 밀 까부르듯 흔들기 시작하면 한 방에 나가떨어진다는 것입니다.

우리는 바람에 나는 겨, 쭉정이와 같은 삶을 살아서는 안 됩니다. 그와 같은 인생은 내공과 실속이 없고 속사람이 약해서 외부의 말과 환경에 너무 쉽게 자극과 영향을 받습니다. 믿음은 들음에서 온다고 하는데, 시험도 마찬가지입니다. 우리 내면이 성령 충만, 은혜 충만, 진리 충만하면 믿음 또한 충만해지지만, 세상 충만, 정욕 충만, 소문 충만하면 말 한마디에 시험이 충만해집니다.

"악인들은 심판을 견디지 못하며"(시 1:5). 바람에 나는 겨와 같은 인생은 심판을 참고 견딜힘이 없습니다. 인내심이 없다는 것입니다. 복 있는 사람은 환난의 때가 진정한 축복의 때임을 알기에 그것을 기쁘게 견뎌 냅니다. 그런데 악인들은 그것을 복으로 받지 못하고 제풀에 자빠져 버립니다. 자기 꾀에 자기가 넘어가는 것입니다.

더 무서운 말씀이 뒤에 이어집니다. "죄인들이 의인들의 모임에 들지 못하리로다"(시 1:5). 무슨 말입니까? 천국에 못 간다는 것입니다. 어린 양의 혼인잔치에 참여할 수 없다는 것입니다. 달란트 비유를 보십시오. 예수님은 착하고 충성된 종에 대해 "네가 적은 일에 충성하였으매 내가 많은 것을 네게 맡기리니 네 주인의 즐거움에 참여할지어다"(마 25:21)라고 말씀하십니다. '네 주인의 즐거움'이란 천국 잔치를 뜻합니다. 이것이 복 받는 것입니다. 반면 악하고 게으른 종에 대해서는 "이 무익한 종을 바깥 어두운 데로 내쫓으라 거기서 슬피 울며 이를 갈리라"(마 25:30)고 말씀합니다. 천국 잔치에 참여할 수 없다는 것입니다.

"무릇 의인들의 길은 여호와께서 인정하시나 악인들의 길은 망하리로다"(시 1:6). 기도의 자리, 예배의 자리, 찬양의 자리를 잘 지키십시오. 그곳이 성도된 우리가 서 있어야 할 자리입니다. 그 자리가 하나님에게 인정받는 자리입니다. 죄인의 길, 죄인의 생각과 같은 실패할 수밖에 없는 사고방식은 하루 빨리 청산하십시오. 그런 자리는 가지도 말고, 서지도 말아야 합니다. 이것이 '악인들의 꾀를 따르지 않는' 복 있는 사람의 모습입니다.

항상 좋으신 하나님, 선하신 하나님을 바라보면

우리는 좋은 사람이 될 수밖에 없습니다. 바라봄의 법칙이 그렇습니다.

하나님이 우리를 위해 예비해 놓으신 길,

곧 주의 길을 따라가다 보면 우리는 주님을 닮게 됩니다.

복 있는 사람이 되는 것입니다.

15. 삶의 기승전결

"하나님의 말씀과 기도로 거룩하여짐이라 네가 이것으로 형제를 깨우치면 그리스도 예수의 좋은 일꾼이 되어 믿음의 말씀과 네가 따르는 좋은 교훈으로 양육을 받으리라"(딤전 4:5-6).

> 당신의 삶에 기도와 말씀과 전도를 심으십시오.
> 하나님은 당신을 통해
> 아름다운 결실을 맺게 하실 것입니다.

사역에는 '기승전결'이라는 것이 있습니다. 여기서 '기'는 기도입니다. '승'은 성경입니다. '전'은 전도고, '결'은 결실, 곧 열매입니다. 이는 사역에 있어 꼭 필요한 네 가지 요소입니다. 그런데 이것이 꼭 사역에만 적용되는 것은 아닙니다. 이는 우리 삶의 기승전결이라 해도 괜찮습니다.

기: 기도

먼저, 기도란 무엇입니까? 구약성경에서 가장 많은 양을 단일 주제로 이야기하는 것이 기도입니다. 예수님도 중요한 일을 앞두고 항상 기도하셨습니다. 십자가를 지시기 전에는 땀방울이 핏방울이 되도록 기도하셨습니다. 출애굽기에 보면 아말렉과 이스라엘의 전쟁이 나옵니다. 여기서 아말렉은 사탄을 상징합니다. 이 전쟁에서 눈여겨봐야 할 것은, 모세가 전쟁을 하지 않고 산에 올라가서 기도했다는 것입니다. 이때 모세가 기도의 손을 들면 이기고, 손을 내리면 지게 되었습니다. 이처럼 기도가 우선입니다. 기도할 때 하늘 문이 열리고, 기도가 하나님 보좌를 움직입니다. 우리 삶의 기승전결은 기도로 시작하고 기도로 마무리해야 합니다.

승: 성경(말씀)

승은 성경이라고 했습니다. 하나님은 성경을 통해서 약이 되고, 복이 되고, 답이 되고, 길이 되는 것을 가르쳐 주십니다. 시편 1편 2절은 "오직 여호와의 율법을 즐거워하여 그의 율법을 주야로 묵상하는도다"라고 말씀합니다. 여기서 묵상이라는 단어는 약이라는 단어와 그 어원이 같습니다. 우리를 치유하고 소성케 한다는 것입니다.

하나님은 축복을 주시기 전에 말씀을 주십니다. 그리고 말씀을 통해 역사를 행하십니다. 그래서 우리는 말씀을 읽고, 공부하고, 암송하고, 묵상해야 합니다. 하나님의 말씀을 붙들고 살아가는 것이 곧 '간증'입니다. 말씀을 붙잡으면 말씀이 우리를 인도합니다.

우리는 말씀과 기도로 거룩해져야 합니다. 디모데전서 4장 5절은 "하나님의 말씀과 기도로 거룩하여짐이라"고 말씀합니다. 하나님의 말씀과 기도로 거룩한 삶을 디자인하고, 실천하길 바랍니다.

전: 전도

사역의 꽃은 '전도'입니다. 흐르는 물은 썩지 않고, 구르는 돌에는 이끼가 끼지 않습니다. 이처럼 복음은 계속 유통되어야 합니다. 자꾸 흘려보내야 합니다. 내 대에만 복을 받는 것은 저주지만, 천대까지 거침없이, 막힘없이, 도도히 흘려보내는 것은 축복입니다. 우리는 은혜를 전달해야 합니다. 시험은 전염되지만 축복은 전달되는 것입니다.

전도에는 6단계가 있습니다. '목표 설정, 적자생존, 엄청 부담, 작정 기도, 한계 초월, 기적 연출'이 그것입니다. 첫째, 목표를 정해야 합니다. 다니엘은 뜻을 정했기에 쓰임 받았습니다. 요셉이 쓰임 받은 것은 생생한 꿈을 꾸었기 때문입니다. 사도 바울은 로마도 보아야겠다는 원대한 계획을 세웠고, 다윗은 마음을 확정 지어 하나님에게 크게 쓰임 받는 사람이 되었습니다. 이처럼 목표를 정하는 것이 중요합니다. 목표를 정하고 꿈을 꾸면, 목표와 꿈이 우리를 이끌고 갑니다.

둘째, 적자생존이란 '적는 사람만이 살아남는다'는 것입니다. 적어야 합니다. 영성 일기를 적고, 전도 수첩을 적으십시오. 전도 목표를 적어 눈에 보이는 곳에 붙여 두십시오. 적으면 분위기가 달라집니다. 이는 근거를 남기는 것입니다.

셋째는, 엄청 부담입니다. 부담이 되지 않으면 기도가 안 됩니다. 부담이 안 되면 사명이 아닙니다. 쉽게, 편하게, 수월하게 살아가려고 생각하지 마십시오. 싸고 쉬우면서 편하고 좋은 것은 없습니다. 부담이 될 만큼 목표를 설정하십시오. 부담이 될 만큼 적어 놓으십시오. 그러면 부담 때문에 더욱 간절히 기도하게 됩니다. 그러다 넷째로, 작정 기도를 하게 되는 것입니다. 뜻을 정하고 기도하면 성령님이 역사하십니다.

다섯째는, 한계 초월입니다. 전도나 기도 등 모든 사역은 한계를 뛰어넘는 것입니다. 저는 마가복음 2장의 중풍병 고치는 이야기를 좋아합니다. 전신이 마비된 중풍 병자를 어떻게 고칩니까? 성경을 보면, 지붕을 뜯습니다. 그리고 "예수께서 그들의 믿음을 보시고"(막 2:5) 중풍 병자를 고쳐 주십니다. 지붕을 뜯었다는 것은 한계를 뛰어넘었다는 것입니다. 안 되면 되게 하겠다는 마음으로 한계를 뛰어넘는 믿음을 사용하십시오. 그러면 그 가운데서 기적이 만들어집니다.

결: 결실(열매)

기승전결의 마지막 여섯째는, 결실이 있어야 한다는 것입니다. 사역의 최종 결실은 '팔복구열', 곧 팔복의 말씀과 성령의 아홉 가지 열매로 얻어지는 결실입니다. 성령의 아홉 가지 열매는 무엇입니까? "오직 성령의 열매는 사랑과 희락과 화평과 오래 참음과 자비와 양선과 충성과 온유와 절제니 이 같은 것을 금지할 법이 없느니라"(갈 5:22-23). 이는 곧 성품입니다. 그리고 그 성품의 완성은 사랑입니다. 쉽게 말해, 삶의 열매는 성품으로 맺어진다는 것입니다.

철의 여인이요. 영국의 수상이었던 마가렛 대처는 이런 말을 했습니다. "생각을 조심하라. 말이 된다. 말을 조심하라. 행동이 된다. 행동을 조심하라. 습관이 된다. 습관을 조심하라. 운명이 된다. 결국 우리의 운명은 생각대로 된다." 처음 심기는 것이 무엇이냐에 따라 열매가 달라집니다. 부정적인 것을 생각하지 마십시오. 그리고 부정적인 것을 말하지 마십시오.

좋은 씨가 심기면 좋은 열매를 맺습니다. 좋은 열매는 세상을 아름답게 만듭니다. 당신의 삶에 기도와 말씀과 전도를 심으십시오. 그리고 그 열매를 기대하십시오. 하나님은 당신을 통해 아름다운 결실을 맺게 하실 것입니다.

기도할 때 하늘 문이 열리고,

기도가 하나님 보좌를 움직입니다.

우리 삶의 기승전결의 연결은

기도로 시작하고 기도로 마무리해야 합니다.

16. 있는 자 vs. 없는 자

"무릇 있는 자는 받아 풍족하게 되고 없는 자는 그 있는 것까지 빼앗기리라"
(마 25:29).

우리는 예수로 말미암아 '복 있는 사람',
'믿음 있는 사람'이 되었습니다.
신앙의 아웃사이더가 되지 말고 복의 근원이 되십시오.

예수님의 달란트 비유에는 특별한 내용이 있습니다. 없는 것도 서러운데, "없는 자는 그 있는 것까지 빼앗기리라"(마 25:29)는 것입니다. 이는 하나님이 부여하신 재능에 대해서도 그렇지만, 우리의 믿음 또한 마찬가지입니다. 그래서 우리는 믿음이 떨어지지 않도록, 신앙이 약해지지 않도록 신앙의 탄력을 잘 유지해야 합니다.

신앙에는 흐름이 있습니다. 한번 시험에 들면 몸이 약해지고, 몸이 약해지면 일하기가 힘들어 경제적으로 어려워집니다. 경제적으로 어렵다 보니 가정이 힘들고, 가정이 힘드니 신앙이 다시 무너집니다. 악순환인 것입니다. 그러나 반대의 경우도 있습니다. 되는 집은 하나님이 복에 복을 더해 주십니다. 자석에 철이 이끌리듯이 계속해서 더 붙여 주시는 것입니다.

자동차로 오르막길을 간다고 생각해 보십시오. 80킬로를 유지하려면 오르막에서 90킬로 정도를 밟아 줘야 합니다. 그런데 신앙생활도 똑같습니다. 하나님은 당신이 허락하신 복을 유지하게 하시려고 복에 복을, 은혜 위에 은혜를, 백배의 결실을 허락하십니다. 그래서 있는 사람은 더 풍족해지고, 없는 사람은 그마저도 유지하기가 힘들어지는 것입니다.

종 된 신분을 기억하라

본문의 '있는 자'는 복 있는 자, 곧 유익한 종을 뜻하고, '없는 자'는 악인, 곧 무익한 종을 뜻합니다. 복 있는 사람은 지혜가 다릅니다. 위치 선정이 다릅니다. 그렇기에 하나님이 복에 복을 더해 주시어, 있는 것도 감사한데 더 풍족하게 됩니다. 그리고 결국엔 천국 잔치에 참여하는 자가 됩니다. 반면 악인은 어두운 데서 슬퍼하며 울고 이를 간다고 말씀합니다. 평생 원망, 불평, 짜증을 내고 다른 사람을 탓하면서 악하고 게으른 미련한 종이 되어 하나님이 허락하신 인생을 살지 못하고 결국에는 천국 잔치에도 참석하지 못하게 되는 것입니다.

충성되고 신실하게 일하는 사람은 무엇을 맡겨도 든든합니다. 그런 사람이 신뢰의 사람이 되고, 지혜로운 사람이 되는 것입니다. 여기서 지혜롭다는 것은 생활 속 지혜가 생긴다는 것입니다. 하나님이 일마다 때마다 지혜를 주시는 것입니다. 그리고 그런 사람에게 주님은 "잘하였도다 착하고 충성된 종아"(마 25:21)라고 말씀하시며 칭찬을 허락해 주십니다.

종은 항상 자신의 정체성을, 주제파악을 잘해야 합니다. 우리는 하나님의 종입니다. 불러 주시니 고맙고, 쓰임 받으니 감사하고, 주의 일하며 살고 있으니 더 이상 바랄 게 없는 삶인 것입니다. 따라서 섬기는 자가 복이 있습니다. 이런 사람은 어디를 가든지 유익한 사람, 향기 나는 사람이 됩니다.

모든 일에 착하고 충성된 종

우리는 "어린 양의 혼인잔치"(계 19:9)에 들어가야 합니다. 그때 흰옷을 입지 않은 사람은 입장이 안 됩니다. 주인의 즐거움에 참여할 수 있는 사람은 착하고 충성되고 지혜롭고 부지런한 종입니다. 하나님은 모두에게 공평한 기회를 주셨습니다. 결과는 우리 손에 달려 있습니다. 땅에 묻어 두고 주인을 오해하면 천국 잔치에 참여할 수 없습니다. 그러나 맡겨진 것이 작을지라도 그것에 충성된다면 천국 잔치에 참여할 수 있습니다.

실패자들의 특징은 부정적이라는 것입니다. 이것이 하나님에게도 적용됩니다. 하나님을 내게 복 주시는 분이 아니라 심판하시는 분, 무서운 분으로만 생각하기에 겁을 내고 땅에 묻어 둔 채 허송세월하며 살아가는 것입니다. 그러다 결국엔 천국 잔치에 참여하지 못하는 사람이 되고 맙니다.

믿음이 있고 없고가 기적의 차이입니다. 사람들은 많은 것, 큰 것, 센 것을 좋아하지만 하나님은 작은 일을 어떻게 하는가를 보고 많은 것을 맡기십니다. 다윗을 비롯한 많은 신앙의 선배들이 그랬습니다. 주님은 요한계시록 3장 8절에서 빌라델비아교회를 향해 "내가 네 행위를 아노니 네가 작은 능력을 가지고서도 내 말을 지키며 내 이름을 배반하지 아니하였도다"라고 말씀하시며 칭찬해 주셨습니다. 작고 사소한 데서 믿음이 드러나는 것입니다.

오래전 부산서부교회를 담임했던 백영희 목사님이라고 계십니다. 그 교회는 당시 주일학교 학생만 1만 명이 모일 정도로 큰 규모를 자랑하는 교회였습니다. 주일학교 규모로는 세계에서 제일 큰 교회였습니다. 당시 백영희 목사님은 교회 전도사님을 뽑을 때 장사를 시켰다고 합니다. 100만 원을 주고 과일 장사를 시켰다는 것입니다. 장사를 하기 위해 장소를 물색하고, 어떻게 하면 더 싱싱하고 좋은 과일을 팔 수 있을지 고민하는 가운데 사람들의 마음을 알게 되기 때문입니다. 그런 사람은 사역을 맡겨도 잘 감당한다는 것입니다.

장사는 종합적입니다. 모든 게 다 맞아떨어져야 합니다. 지혜도 있어야 하고, 건강도 있어야 합니다. 달란트 비유처럼 착하고 충성되고 지혜롭고 부지런한 사람이 장사를 잘하게 마련입니다. 우리가 물건을 어디에서 구매하는지만 생각해 봐도 답이 나옵니다. 이왕이면 친절한 곳, 잘하는 곳, 믿을 만한 곳에 가서 물건을 구매합니다. 사역도 마찬가지입니다. 성도의 마음을 잘 헤아리는 친절하고 믿을 만한 사역자가 귀하게 쓰임 받습니다. 장사를 잘해서 이익을 남기는 사람이 사역에 있어서도 열매를 남긴다는 것입니다.

우리는 간증거리와 하나님 앞에서 감사의 제목을 남겨야 합니다. 열매를 남겨야 합니다. 저는 소극적인 것은 비극이라고 생각합니다. 제가 그렇습니다. 그런데 소심하게 내숭을 떨어 보니 아무것도 안 됩니다. '할까 말까' 하면 거의 '말까'가 이깁니다. 성경은 '두려워 말고 낙심치 말라'고 말씀합니다.

그런데 우리는 많은 경우 두려움 속에 살아갑니다. 그런 사람은 아무것도 못 합니다.

쓰임 받는 인생을 살라

인생은 한 번뿐입니다. 하나님 앞에 인정받고, 하나님 앞에 은총 받고, 하나님 앞에 축복 받는 삶을 살아가십시오. 처음부터 잘하는 사람은 없습니다. 뒤돌아보면 허물투성이요, 엎어지고 자빠지고 실수투성입니다. 모든 것이 부끄럽습니다. 그런데 하나님은 그런 우리를 부르셔서 약한 자를 강하게 쓰십니다. 미련한 자를 지혜롭게 쓰십니다.

주님 손에 한번 붙들린 사람은 어떤 일이 있어도 두려워하거나 낙심할 필요가 없습니다. 하나님의 은혜의 보좌 앞에 나아가면 "무릇 있는 자는 받아 풍족하게"(마 25:29) 된다고 말씀하시기에 우리는 그냥 나아가는 것입니다. 부끄러움과 창피함을 무릅쓰고 나아갈 때 하나님은 찾는 자를 만나 주시고, 두드리는 자에게 열어 주시고, 사랑하는 자를 사랑해 주십니다.

우리는 예수로 말미암아 '복 있는 사람', '믿음 있는 사람'이 되었습니다. 계속해서 그 자리에 머무십시오. 복 있는 사람을 가까이하고, 은혜의 자리를 지키십시오. 우리는 있는 자는 받아서 더 풍족하게 되는 부익부의 원리를 따라가야지, 장자권을 빼앗겼던 에서와 같이, 에덴동산에서 추방된 아담과 하와같이 빼앗기는 빈익빈의 원리를 따라서는 안 됩니다.

우리는 마지막 고통의 때에 낙오되지 않는 신앙을 갖기 위해 애써야 합니다. 신앙의 아웃사이더가 되지 말고 복의 근원이 되십시오. 혼란한 시대에 축복을 감당하는 복 있는 사람, 믿음 있는 사람이 되십시오. 무엇보다 '있는 자는 받아서 더 풍족하게 되는' 부익부의 원리를 감당할 수 있는 믿음을 날마다 구하시길 바랍니다.

4부

변화가
아름다운 십도

17. 깨어짐의 축복

"주께서는 제사를 기뻐하지 아니하시나니 그렇지 아니하면 내가 드렸을 것이라 주는 번제를 기뻐하지 아니하시나이다 하나님께서 구하시는 제사는 상한 심령이라 하나님이여 상하고 통회하는 마음을 주께서 멸시하지 아니하시리이다"(시 51:16-17).

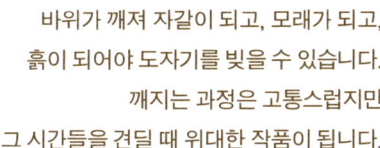

바위가 깨져 자갈이 되고, 모래가 되고,
흙이 되어야 도자기를 빚을 수 있습니다.
깨지는 과정은 고통스럽지만
그 시간들을 견딜 때 위대한 작품이 됩니다.

성도의 가장 고귀한 타이틀은 예배자입니다. 하나님은 우리의 온전한 예배를 원하십니다. 예배는 구약 시대로 말하면 제사입니다. 하나님은 흠 없고 순전한 제물로 제사할 것을 명하셨습니다. 그런데 본문은 하나님이 제사를 기뻐하지 않으신다고 말씀합니다. 하나님이 구하시는 제사가 따로 있다고 말씀합니다. 이게 무슨 말일까요? 이스라엘 백성은 자신들도 모르는 사이에 매너리즘에 빠지고 말았습니다. 형식화, 제도화, 퇴석화 되어 마지못해 예배를 드린 것입니다.

깨어짐의 축복

"하나님께서 구하시는 제사는 상한 심령이라 하나님이여 상하고 통회하는 마음을 주께서 멸시하지 아니하시리이다"(시 51:17). 하나님이 누구신지를 알면, 하나님의 전능하심과 위대하심, 엄위하심과 영광스러움을 알고 나면 두렵고 떨리는 마음으로 하나님을 경외하게 됩니다. 이때 하나님을 경외한다는 것은 사랑이 기반에 깔린 두려움과 공경하는 마음입니다. 하나님을 경외하는 사람은 나를 내세울 수 없습니다. '나는 감히 예배할 수 없는 존재야', '나는 주님 앞에 나설 수 없는 악하고 추한 사람이야' 하고 인정하게 되는 것입니다. 이것이 상한 심령과 통회하는 마음으로 나아가는 것입니다.

바위가 깨져 자갈이 되고, 모래가 되고, 흙이 되어야 도자기를 빚을 수 있습니다. 깨지는 과정은 고통스럽지만 그 시간들을 견딜 때 위대한 작품으로 탄생하는 것입니다. 우리 마음도 마찬가지입니다. 묵은 땅을 갈아엎어 옥토를 만들듯이 우리의 까칠하고 거친 마음을 하나님이 갈아엎으시면 부드럽고 온유한 마음으로 바뀌게 됩니다.

배추가 김치가 되는 과정을 생각해 보십시오. 먼저 배추 밭에서 뿌리가 잘려야 합니다. 그다음에 배추를 가르고 소금을

넣어 절여야 합니다. 그러고 나서 양념과 버무려져서 숙성이 되고 나면 맛있는 김치가 되는 것입니다. 사람도 그렇습니다. 넘어지고 깨지는 고통스런 과정을 통과할 때에야 비로소 주님을 만나고 체험하게 되는 것입니다.

튼튼하고 강한 것이 복된 것 같지만 신앙의 세계에서는 반대입니다. 깨어짐이 축복입니다. 참깨 알이 박살나야 참기름이 나오는 것처럼, 바위가 부서져야 고운 흙이 되어 도자기로 빚어지는 것처럼 깨어짐의 축복이 있는 것입니다. 예수님은 이 땅에서 화려한 삶을 살지 않으셨습니다. 이사야 53장은 "그는 주 앞에서 자라나기를 연한 순 같고 마른 땅에서 나온 뿌리 같아서 고운 모양도 없고 풍채도 없은즉 우리가 보기에 흠모할 만한 아름다운 것이 없도다"(2절)라고 말씀합니다. 그런 그분이 우리를 위해 깨어지셨습니다. 그것이 우리에게 복이 되었습니다. "그가 찔림은 우리의 허물 때문이요 그가 상함은 우리의 죄악 때문이라 그가 징계를 받으므로 우리는 평화를 누리고 그가 채찍에 맞으므로 우리는 나음을 받았도다"(사 53:5).

예수님이 이 땅에서 가까이하신 사람들은 그 시대의 똑똑한 서기관들이나 율법을 잘 지킨 바리새인들이 아니었습니다. 고관대작(高官大爵)을 차지한 사두개인들이 아니었습니다. 예수님은 세리와 창녀와 고아와 과부처럼 깨어진 사람들, 더 이상 자랑할 것이 없는 사람들을 가까이하셨습니다. 그런 사람들이 주님의 사랑을 받고 주님의 구원을 받아들여 주님의 친구가 되었습니다. 자신들의 깨어짐으로 인해 새사람이 되고 새 역사를 만들어 가게 된 것입니다.

살아 있는 사람에게는 부활이 없습니다. 죽은 사람만이 부활할 수 있습니다. 그래서 사도 바울은 "나는 날마다 죽노라"(고전 15:31)고 고백했습니다. 내 속에 불 일듯 일어나는 이생의 자랑, 육신의 정욕을 날마다 쳐서 십자가 아래 못 박는다는 것입니다. 성경에서 하나님에게 쓰임 받은 사람은 다 그런 사람들이었습니다.

약한 자를 들어 쓰시는 하나님

어린 나이에, 10대에 꺾인 사람들이 있습니다. 요셉은 어릴 때 어머니를 여의고 10대에 인신매매를 당해 다른 나라로 팔려가게 되었습니다. 다윗은 소년 시절 양을 칠 때부터 어려움을 당했으며, 10년 동안 피난 생활을 해야 했습니다. 다니엘은 어릴 때 나라가 망하고 성전이 불타고 집안이 풍비박산(風飛雹散) 나 부모의 생존 여부도 모른 채 이역만리(異域萬里) 포로로 끌려가게 되었습니다. 사무엘도 젖을 떼자마자 엄마 품을 떠나 성전에서 홀로 살아야 했습니다. 그런 사람이 '그 말이 하나도 땅에 떨어지지 않는' 최고의 마지막 사사가 된 것입니다.

역사를 보면 강한 자가 살아남는 것이 아닙니다. 하나님의 구원 역사에 있어서는 더욱 그렇습니다. 하나님은 무너지고 문제투성이에 상처 많은 사람을 붙들고 구원 역사를 이루어 가십니다. 사람이 어려운 일을 당하면 헛된 마음은 사라지고 인생의 본질로 돌아가게 됩니다. 그럴 때 떠남의 자유, 버림의 여유, 포기의 축복을 경험하게 되는 것입니다.

떠남의 자유란 무엇입니까? 아브라함이 복을 받은 것은 본토 친척 아비 집을 떠났기 때문입니다. 인생은 떠나는 과정입니다. 아무리 엄마 배 속이 좋아도 아기는 세상으로 나와야 합니다. 그리고 성장함에 따라 유치원과 초등학교, 중·고등학교로 보내져야 합니다. 이처럼 인생은 떠남의 연속입니다. 성숙하게 떠나야 새로운 만남의 축복을 누릴 수 있습니다.

떠남은 버림을 전제로 합니다. 그리고 버림은 포기를 전제로 합니다. 버림은 더 이상의 미련을 갖지 않는 것입니다. 성경은 '이생의 자랑, 육신의 정욕을 버리라'고 말씀합니다. 우리를 흔드는 모든 유혹들을 뒤로하고 그것들을 버리며 포기할 때 놀라운 축복을 경험하게 됩니다. 그런데 선택도 포기를 전제로 합니다. 결혼을 생각해 보십시오. 이 사람을 선택한다는 것은 저 사람을 포기한다는 것입니다. 이 길을 선택한다는 것은 저 길을 포기한다는 것입니다. 인생은 선택과 분별과 포기에 따라 달라집니다.

깨어짐의 축복이란 기독교 세계에서만 가능한 이야기입니다. 우리는 살아가면서 마음이 강퍅해 지지 않도록 늘 신경 써야 합니다. 그러기 위해서는 열린 마음을 가져야 합니다. 바다처럼 모든 걸 받아들이는 수용성 있는 사람이 되어야 합니다.

상처 입은 치유자

20세기 최고의 영성가라 불리는 헨리 나우웬은 세계 최고의 대학이라 불리는 하버드대학교 교수였습니다. 그런데 어느 날 그분이 교수직을 내려놓았습니다. 지금까지는 계속 올라오기만 했는데, 계속 좋은 일만 있었는데 이제는 내리막길로, 주님이 가신 그 길로 내려가야겠다는 것이 그 이유였습니다. 교수직을 내려놓은 그분은 페루의 빈민굴에 들어가 그들과 함께 생활했습니다. 그리고 후에는 캐나다 지체 장애인 공동체에 들어가서 평생을 섬기며 그곳에서 생을 마감했습니다.

그분의 책 중에 《상처 입은 치유자》(두란노 역간)라는 책이 있습니다. 자신이 아파 보았기 때문에, 자신이 크나큰 고통을 당해 보았기 때문에 동병상련으로 다른 사람들을 이해할 수 있다는 것입니다. 사람은 누구든 상처가 있습니다. 그런데 그 상처 때문에 겸손해지고 온유해집니다. 그 상처 때문에 기도의 사람, 하나님 앞에 나아가는 사람이 되는 것입니다. '주여, 나를 고쳐 주옵소서. 주여, 나를 도와주옵소서.' 상처를 붙들고 기도할 때 참된 예배자, 참된 기도자가 됩니다.

삶에서 큰 상처와 좌절을 경험한 사람은 세상 자랑을 모두 내려놓게 됩니다. 그저 주님 앞에 통회하는 마음으로 '주여, 불쌍히 여겨 주옵소서, 나를 붙들어 주옵소서' 하고 고백하게 됩니다. 믿음의 영웅들은 상처 입은 치유자가 되어 다른 사람들의 아픔을 이해하고 위로하며 쓰임 받았습니다.

세상을 살다 보면 완벽주의, 결벽증, 조급함에 빠지게 됩니다. 많은 사람들이 자기를 지켜 내려고 아등바등 살아갑니다. 그런데 신앙의 세계에서는 그럴 필요가 없습니다. 주님은 "수고하고 무거운 짐 진 자들아 다 내게로 오라 내가 너희를 쉬게 하리라"(마 11:28)고 말씀하시기 때문입니다.

내려놓으십시오. 내려놓는 게 중요합니다. 내려놓는 것이 기도고 예배입니다. 하나님은 그런 사람을 기뻐하시고, 그런 사람을 통해서 구원 역사를 이루어 가십니다. 하나님 앞에서 깨어지고 상한 심령이 될 때, 그때가 바로 새로워질 수 있는 가장 좋은 기회입니다. 우리를 깨뜨리시는 하나님의 본심을 늘 기억하십시오.

요나는 죽음과도 같은 물고기 배 속에서 감사를 회복한 이후 구약 최대의 선교 사역을 감당했습니다. 사도 바울은 두들겨 맞고 피투성이가 되어 감옥에 갇혔을 때에도 하나님을 찬송했습니다. 느헤미야는 빠른 대답을 요하는 왕의 질문 앞에서도 하나님에게 묵도한 후, 하나님의 뜻을 구한 후에야 대답했습니다. 하나님의 사람들은 모두 이렇게 살았습니다. 바쁠수록, 힘들수록 더욱더 하나님을 찾은 것입니다.

험한 세상을 살아가기 위해서는 깨어짐의 축복, 내려놓음의 자유, 포기의 은총을 누려야 합니다. 얼핏 보기에는 지는 것 같지만 지는 게 이기는 것이고, 하나님의 편이 되는 것이고, 주님 손에 붙들리는 것입니다. 깨어짐으로 완성되는 이 아름다운 비밀, 믿음의 원리를 터득해서 삶의 현장에서 기필코 승리하는 삶을 살아가기를 바랍니다.

튼튼하고 강한 것이 복된 것 같지만 신앙의 세계에서는 반대입니다.

깨어짐이 축복입니다.

참깨 알이 박살나야 참기름이 나오는 것처럼,

바위가 부서져야 고운 흙이 되어 도자기로 빚어지는 것처럼

깨어짐의 축복이 있는 것입니다.

18. 은혜의 때, 구원의 날

"우리가 하나님과 함께 일하는 자로서 너희를 권하노니 하나님의 은혜를 헛되이 받지 말라 이르시되 내가 은혜 베풀 때에 너에게 듣고 구원의 날에 너를 도왔다 하셨으니 보라 지금은 은혜 받을 만한 때요 보라 지금은 구원의 날이로다"(고후 6:1-2).

오늘, 지금, 여기서 결단해야 합니다.
지금이 은혜의 때요,
구원의 날이기 때문입니다.

신앙생활의 비밀은 하나님과의 연합입니다. 포도나무 가지가 스스로 애쓰고 노력하지 않아도 줄기에 붙어만 있으면 뿌리에서 좋은 영양분을 얻는 것처럼, 우리는 하나님과 연합해 그분으로부터 주어지는 좋은 것들을 누릴 수 있어야 합니다.

with, 주와 함께

신약성경에 보면 예수님이 열두 제자를 부르실 때의 조건은 함께하는 것이었습니다. 함께하기 위해 열두 제자를 부르신 것입니다. 바울 신학의 핵심 또한 이와 같습니다. 앤크리스토(en Christo), 곧 그리스도 안에 거하는 것입니다. 예수님은 "나를 떠나서는 너희가 아무것도 할 수 없음이라"(요 15:5)고 말씀하셨습니다. 그래서 신앙생활은 하나님과 함께하는 것이고, 주 안에 거하는 것이고, 주와 더불어 살아가는 것입니다.

사도 바울은 자기를 소개할 때 '하나님과 함께 일하는 자'라고 이야기합니다. '농사는 하나님과의 동업'이라는 말이 있습니다. 농사짓는 사람 혼자 애쓰고 노력한다고, 혼자 열심히 씨 뿌리고 물을 퍼 댄다고 되는 게 아니라는 것입니다. 하나님이 하늘 문을 여시고 이른 비와 늦은 비로 때를 따라 비를 내려 주셔야, 햇빛을 부어 주셔야 농사가 가능해집니다. 하나님의 은혜가 필요한 것입니다.

식물을 키울 때 물을 주는 주인의 마음이 중요한 것처럼, 우리가 긴 세월을 살아갈 때 복 있는 사람, 행복한 사람이 되기 위해서는 복을 주시는 하나님의 마음이 중요합니다. 하나님이 어떤 복을 베푸시는지에 따라 우리 삶이 달라지기 때문입니다. 그렇기에 우리는 하나님과 함께 일하는 사람이 되어야 합니다. 하나님과 함께 일하는 사람은 주님과 깊이 연합되어 있기에 마귀가 틈을 타지 않습니다. 그러나 가만히 있어서는 안 됩니다. "시험에 들지 않게 깨어 있어 기도하라"(막 14:38)는 말씀처럼, 우리는 날마다 마귀에게 틈을 주지 않도록 주님과 더 깊이 연합되어야 합니다.

하나님의 은혜의 타이밍

하나님의 본심은 우리가 잘되는 것입니다. 하나님은 우리에게 은혜 베풀기를 원하십니다. "너희 중에 누가 아들이 떡을 달라 하는데 돌을 주며 생선을 달라 하는데 뱀을 줄 사람이 있겠느냐 너희가 악한 자라도 좋은 것으로 자식에게 줄 줄 알거든 하물며 하늘에 계신 너희 아버지께서 구하는 자에게 좋은 것으로 주시지 않겠느냐"(마 7:9-11). 하나님의 본심을 아는 사람은 하나님이 베풀어 주신 은혜를 헛되이 받지 말아야 합니다. 그것을 싸구려 취급해서는 안 된다는 것입니다. 우리는 오직 하나님의 은혜로 살아가는 존재입니다.

"너희는 여호와를 만날 만한 때에 찾으라 가까이 계실 때에 그를 부르라"(사 55:6). 우리는 은혜를 찾고 구해야 합니다. 에스더를 보십시오. 그녀는 타이밍을 잘 알았습니다. "네가 왕후의 자리를 얻은 것이 이때를 위함이 아닌지 누가 알겠느냐"(에 4:14)는 모르드개의 말에 에스더는 "죽으면 죽으리이다"(에 4:16) 하며 나아갔습니다. 인생의 골든타임, 삶의 절묘한 타이밍에 때를 놓치지 않은 결과 성경 역사상 가장 아름다운 여성이 될 수 있었습니다. 그것이 에스더의 축복이 된 것입니다.

이삭은 어떻습니까? 성경에 나오는 가장 약골, 배 다른 형인 이스마엘에게 놀림이나 당하고 늘 얻어터지며 지질하게 살았던 사람이 이삭입니다. 그런데 창세기 26장에 보면 "이삭이 그 땅에서 농사하여 그해에 백배나 얻었고"(12절)라고 말씀합니다. 그해, 그 땅이 무엇을 말하는 것일까요? 창세기 26장은 그해에 극심한 가뭄이 있었다고 기록합니다. 한마디로 위기의 때입니다. 온 땅이 말라 가는, 기근이 극심해서 농사를 지을 수 없는 상태인 것입니다.

이삭은 먹고살기 위해 리브가와 함께 그랄로 이동합니다. 여기서 그랄은 블레셋입니다. 팔레스타인 적진 한복판에 가서 농사를 지었다는 것입니다. 그런데 그 땅에서 백배의 결실을 얻었습니다. "그 사람이 창대하고 왕성하여 마침내 거부가 되어"(창 26:13). '마침내'라는 것은 시간을 뜻합니다. 최악의 해에, 저주받은 해에 하나님 앞에 위기의 때를 잘 버텼기 때문에 마침내 거부가 되었다는 것입니다.

요셉은 어떻습니까? 요셉은 오랜 세월을 고통 속에서 살았습니다. 그는 어려서 형들에게 노예로 팔려 보디발의 집에서 10년 동안 노예로 살아야 했습니다. 10년이면 강산도 변한다는데, 요셉은 10년 동안 서러운 세월을 보냈음에도 여전히 "용모가 빼어나고 아름다웠더라"(창 39:6)고 말씀합니다. 이유가 무엇입니까? 하나님이 그 시간 동안 요셉을 다루셨기 때문입니다. 그의 마음을 연단하신 것입니다. 그래서 7년 대기근을 감당할 수 있는 총리대신의 리더십을 갖추게 하신 것입니다.

하나님의 사람들은 모두 그렇게 살았습니다. 다윗은 10년 동안 도피 생활을 했습니다. 그때 기록한 시가 시편 56편입니다. "나의 눈물을 주의 병에 담으소서"(8절). 눈물 병이 차야 합니다. 갈라디아서 4장 4절은 "때가 차매 하나님이 그 아들을 보내사 여자에게서 나게 하시고 율법 아래에 나게 하신 것은"이라고 말씀합니다. 때가 차매 예수님이 이 땅에 오셨다는 것입니다. 그래서 갈라디아서 6장 9절은 "선을 행하되 낙심하지 말지니 포기하지 아니하면 때가 이르매 거두리라"고 말씀합니다. 서럽습니까? 힘이 듭니까? 외롭습니까? 무섭습니까? 이러한 때가 찬 이후에야 하나님의 역사가 이루어진다는 것을 기억하기를 바랍니다.

고난을 통과한 은혜

온유하다는 것은 야생마가 길들여진 상태를 뜻합니다. 통제 불능, 자기 맘대로 날뛰던 야생마가 제대로 된 주인을 만나면 적토마가 되고 천리마가 되는 상태를 온유라고 합니다. 고흥 반도에 있는 몽돌은 바윗돌입니다. 그런데 이 바위는 그냥 바위가 아니라 수많은 세월 동안 파도를 맞아 다듬어진 동글동글한 바위입니다. 우리의 삶이 이와 같습니다. 지난 세월 동안 거친 세상에서 거친 형상을 가지고 살아가던 인생이 엎어지고 자빠지며 세월의 파도를 맞아 다듬어지면 아름다운 형상으로 거듭나는 것입니다. 하나님이 우리를 긴 세월 동안 그렇게 빚어 가시는 것입니다.

우리가 살아가는 세상은 어떻습니까? 세상은 세월이 흘러갈수록 험하고 악해집니다. 성경은 이러한 시대를 가리켜 "말세에 고통하는 때"(딤후 3:1)라고 말씀합니다. 곳곳에 기근과 지진이 일어나고, 사람의 마음과 인심이 식어지고, 사랑하는 마음이 사라지는 이 시대가 바로 말세에 고통하는 때인 것입니다.

우리의 다음세대들이 살아갈 세상은 꽃길도 봄 길도 아닌 험악한 겨울 길이 되고 말았습니다. 이러한 때에 우리는 어떻게 해야 할까요? 창세기 6장은 "여호와께서 사람의 죄악이 세상에 가득함과 그의 마음으로 생각하는 모든 계획이 항상 악할 뿐임을 보시고 땅 위에 사람 지으셨음을 한탄하사 마음에 근심하시고"(5-6절)라고 말씀합니다. 그런데 이때 단 한 사람, "노아는 여호와께 은혜를 입었더라"(8절)고 말씀합니다.

우리가 살아가는 길은 '오직 은혜'(sola gratia)로 입니다. 하나님이 은혜를 베풀어 주시면 우리가 어떤 최악의 상황에 있을지라도, 죄악이 넘치는 시대의 한복판에서 하나님이 심판으로 세상을 쓸어 엎으실 때 하나님에게 은혜를 입은 노아와 그의 식구들만은 구원을 받은 것처럼 우리 또한 그렇게 구원해 주십니다. 이처럼 은혜 받는 것이 중요합니다.

하박국 선지자가 살던 시대는 저성장 시대입니다. 경기가 극도로 침체된 시대입니다. 하박국이 살던 시대는 불의한 자가 형통하게 되고 하나님이 입을 꾹 다물고 계시는, 이해할 수 없는 일들이 일어나는 그런 어두운 시대였습니다. 이때 하박국 선지자는 어떻게 노래합니까? "수년 내에 부흥하게 하옵소서"(합 3:2). 그는 왜 이런 노래를 한 것일까요? 저성장 최악의 시대, 부흥을 기대할 수 없는 상황에서 왜 부흥을 노래한 것일까요? 하박국은 수년 내에 부흥할 것을 미리 바라본 것입니다.

매일이 은혜의 때, 구원의 날

누구든지 삶의 골든타임이 있습니다. 우리는 수년 내에 결판을 내야 합니다. 몇 년간 울어 보십시오. 몇 년간 정신 차리고, 아니 세 이레만 작정하고 기도해 보십시오. 우리 신앙의 체질이 바뀔 것입니다. 이는 결국 시간 싸움입니다. 순간이, 찰나가, 일시적인 것이 시간이 되고 그 시간이 모여 역사가 된다는 것을 기억하십시오.

가장 현대적인 죄악은 미루고 연기하는 것이라고 합니다. 오늘, 지금, 여기서 결단해야 합니다. 지금이 은혜의 때요, 구원의 날이기 때문입니다. 건강한 신앙생활, 반듯한 신앙생활을 위해 꾸준히 노력해 보십시오. 영적인 체질이 온전한 모양으로 자리 잡을 것입니다.

암은 저온에서 성장합니다. 피가 끓고 펄떡이는 심장에는 암이 없습니다. 우리 몸이 식어 버리면 암이 생기는 것처럼 우리 신앙도 마찬가지입니다. 차가운 신앙은 심각한 문제를 유발합니다. 뜨거운 신앙을 유지하십시오. 그러기 위해 은혜 위에 은혜를, 갑절의 영감을, 일곱 배의 권능을, 백배의 결실을 구하십시오. 그래서 어떤 문제든 돌파하는 믿음을 가지십시오.

은혜의 때, 구원의 날은 따로 있지 않습니다. 하루하루가 은혜의 때요, 구원의 날입니다. 새날을 허락하시는 주님에게 날마다 감사하십시오. 하나님은 감사하는 자에게 은혜를 부어 주십니다.

19. 약함을 자랑하라

"무익하나마 내가 부득불 자랑하노니 주의 환상과 계시를 말하리라 내가 그리스도 안에 있는 한 사람을 아노니 그는 십사 년 전에 셋째 하늘에 이끌려 간 자라 (그가 몸 안에 있었는지 몸 밖에 있었는지 나는 모르거니와 하나님은 아시느니라) 내가 이런 사람을 아노니 (그가 몸 안에 있었는지 몸 밖에 있었는지 나는 모르거니와 하나님은 아시느니라) 그가 낙원으로 이끌려 가서 말로 표현할 수 없는 말을 들었으니 사람이 가히 이르지 못할 말이로다 내가 이런 사람을 위하여 자랑하겠으나 나를 위하여는 약한 것들 외에 자랑하지 아니하리라 내가 만일 자랑하고자 하여도 어리석은 자가 되지 아니할 것은 내가 참말을 함이라 그러나 누가 나를 보는 바와 내게 듣는 바에 지나치게 생각할까 두려워하여 그만두노라 여러 계시를 받은 것이 지극히 크므로 너무 자만하지 않게 하시려고 내 육체에 가시 곧 사탄의 사자를 주셨으니 이는 나를 쳐서 너무 자만하지 않게 하려 하심이라 이것이 내게서 떠나가게 하기 위하여 내가 세 번 주께 간구하였더니 나에게 이르시기를 내 은혜가 네게 족하도다 이는 내 능력이 약한 데서 온전하여짐이라 하신지라 그러므로 도리어 크게 기뻐함으로 나의 여러 약한 것들에 대하여 자랑하리니 이는 그리스도의 능력이 내게 머물게 하려 함이라 그러므로 내가 그리스도를 위하여 약한 것들과 능욕과 궁핍과 박해와 곤고를 기뻐하노니 이는 내가 약한 그때에 강함이라"(고후 12:1-10).

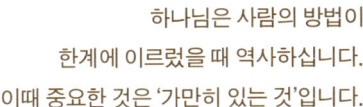

하나님은 사람의 방법이
한계에 이르렀을 때 역사하십니다.
이때 중요한 것은 '가만히 있는 것'입니다.

사도 바울은 자랑할 거리가 많은 사람입니다. 그는 당대의 석학 가말리엘의 문하생입니다. 로마 시민권자입니다. 바리새인 중에 바리새인이요, 당대 최고의 스펙을 갖춘 사람입니다. 그런데 거기에 더해서 14년 전에 셋째 하늘에 갔다 왔다고 이야기합니다. 천국을 들락날락한 사람이라는 것입니다.

사도 바울은 그동안 자신에게 유익한 것들을 다 해로 여길 뿐 아니라 그 모든 세속적인 자랑거리들을 배설물처럼 여긴다고 말했습니다(빌 3:8 참조). 그런데 본문에서는 "나의 여러 약한 것들에 대하여 자랑하리니"(고후 12:9)라고 말합니다. 이유가 무엇입니까? "이는 그리스도의 능력이 내게 머물게 하려 함이라 그러므로 내가 그리스도를 위하여 약한 것들과 능욕과 궁핍과 박해와 곤고를 기뻐하노니 이는 내가 약한 그때에 강함이라"(고후 12:9-10)는 것입니다.

사람은 가질수록 교만해질 수밖에 없습니다. 있으면 거들먹거리고 없으면 위축되는 게 우리의 모습입니다. 사탄은 우리를 높이 올려놓고 흔듭니다. 성공의 자리에 올려놓고 추락하게 만드는 것입니다. 그런데 가만히 둬도 안 망하는 사람은 사탄이 안 건드립니다. 잘하는 사람, 열심히 하는 사람을 유혹해서 어떻게든 망가지게 하는 것이 사탄의 작전입니다.

하나님은 사람을 들어 쓰실 때 능력 있고 유능하고 똑똑한 사람이 아니라, 깨끗한 사람을 축복의 통로로 사용하십니다. 열심히 일하는 사람에게는 밤과 낮이 따로 없고, 참되게 사는 사람에게는 두려움이 없고, 이름 없이 빛도 없이 섬기는 사람은 속상할 일도, 시험에 들 일도 없습니다.

자신의 한계를 고백하는 신앙

욥은 사랑하는 자식들이 죽어 나가고 모든 재산을 잃어버린 후에도 하나님에 대한 믿음과 고백을 잃어버리지 않았습니다. "주신 이도 여호와시요 거두신 이도 여호와시오니"(욥 1:21)라고 고백하며 처참한 자신의 현실을 받아들였습니다. 어려운 일을 당할 땐 사람의 어떤 말도 위로가 되지 않습니다. 그럴 땐 욥과 같이 "주신 이도 거두신 이도 하나님이십니다"라고 고백하십시오. 주님을 위한 고난 뒤에 하나님은 반드시 회복을 허락해 주십니다.

우리는 이 세상에서 청지기 의식을 가지고 살아야 합니다. 이는 우리가 주인이 아니라는 말입니다. 잠시 맡아서 관리하고 보존하다가 때가 되면 돌려주어야 하는 것입니다. 죽을 때 세상의 것을 가지고 가는 사람은 아무도 없습니다. 모든 것에는 유통 기한이 있습니다. 사람도 마찬가지입니다. 하나님이 허락하신 그때를 채우고 주님이 부르시면 홀연히 가는 것이 인생입니다.

우리는 신이 아닙니다. 그저 연약하고 부족하기 짝이 없는 인간일 뿐입니다. 우리는 이 본분을 잊지 말아야 합니다. 예수님은 제자를 뽑으실 때 똑똑하고 힘 있는 사람을 뽑지 않으셨습니다. 제자의 조건은 '자기를 부인하고, 자기 십자가를 짊어지고 따라가는 사람'이었습니다.

구약의 율법은 613가지입니다. 그중 하지 말라는 것은 365번, 하라는 것은 248번입니다. 이는 그만큼 우리 속에서 부정적이고 어두운 흑암의 세력을 제거해야 한다는 것입니다. 그럴 때 좋은 사람, 옥토와 같은 좋은 땅이 되는 것입니다.

저는 신앙생활에 '단무지 정신'이 필요하다고 생각합니다. 단무지 정신이란 무엇일까요? 첫째, 단순해야 된다는 것입니다. 복잡한 것은 안 좋습니다. 어린아이와 같이 천진난만하고 단순한 사람이 고수입니다. 그런 사람이 맑은 사람입니다. 복잡할 이유가 없습니다. 둘째, 없어야 합니다. 단무지 정신의 '무'는 없을 무(無)자입니다. 없을수록 좋은 사람이라는 것입니다. 그리고 셋째, 지우개 같아야 합니다. 과거는 모두 지워 버리고 푯대를 향해 앞으로 나아가는 것입니다. 과거의 실수든 허물이든 자랑이든 모든 것을 뒤로하고 주님만 바라보는 것입니다.

힘을 빼야 쓰임 받는다

하나님은 시대마다 사람을 부르셔서 사명을 맡기셨습니다. 하나님이 기드온을 부르셨을 때 그는 여덟 번이나 못 한다며 거절했습니다. 그런데 하나님은 그런 기드온을 불러 용사로 만들어 가셨습니다. 베드로가 예수님을 만났을 때는 어떻습니까? 그는 말이 둔한 사람이었습니다. 어부요, 평범한 보통 사람이었습니다. 그런 베드로가 예수님을 뵙고 난 이후에 "주여 나를 떠나소서 나는 죄인이로소이다"(눅 5:8)라고 고백했을 때, 예수님의 수제자가 될 수 있었습니다.

모세를 보십시오. 애굽 왕실에서 엘리트 코스를 밟고 자란 그는 불혹의 나이에 사람을 때려 죽이는 살인죄를 저질렀습니다. 이후 미디안 광야로 야반도주한 그는 40년 동안의 세탁 과정을 거친 후 나이 80이 되어 폭삭 늙고 힘도 야망도 없어졌을 때 하나님의 부르심을 받고 놀랍게 쓰임을 받았습니다. 모세가 대단한 것이 아닙니다. 하나님이 함께하셨기 때문입니다. 하나님이 영광을 거두시면 그것으로 끝나는 것입니다.

사도행전에는 많은 사람들이 등장합니다. 그들을 통해 많은 역사들이 행해졌습니다. 그런데 허물 많은 베드로가, 깡패 같은 사울이 역사한 것이 아닙니다. 성령님이 그때그때 역사하셨기에 베드로의 한 번의 설교로 3천 명이 뒤집어지고, 훗날 바울 된 사울을 통해 복음이 전해진 것입니다. 이들은 자신의 힘과 능력이 아닌 오직 하나님의 은혜로 살았습니다.

운동을 할 땐 힘을 빼는 기술이 중요하다고 합니다. 투수가 공을 잘 던지기 위해 어깨 힘을 빼는 데만 3년이 걸린다고 합니다. 타자도 부드럽게 공을 치려면 힘을 빼야 합니다. 이처럼 힘을 빼는 게 전문가의 기술이라는 것입니다. 성도의 삶도 마찬가지입니다. 없는 것을 자랑하십시오. 스스로를 자랑하고 힘을 줄 때 문제가 생기는 것입니다. 죄는 언제 짓습니까? 힘이 살아 있을 때입니다. 하나님보다 앞설 때 많은 문제가 일어나는 것입니다. 힘을 빼십시오. 혈기를 빼십시오. 그래서 신앙의 전문가가 되십시오.

"너무 자만하지 않게 하시려고 내 육체에 가시 곧 사탄의 사자를 주셨으니"(고후 12:7). 성경학자들에 의하면 사도 바울에게는 간질 증세가 있었다고 합니다. 어떤 학자들은 안질이 있었다고도 합니다. 더디오라는 사람이 늘 대필을 해 주어야 할 만큼 시력이 안 좋았다는 것입니다. 게다가 사도 바울의 그림을 보면 정말 못생겼습니다. 거기에 말도 잘하지 못했습니다. 얼마나 말을 못했는지, 유두고라는 청년이 3층에서 졸면서 듣다가 떨어져 죽었습니다. 이처럼 그는 육체적인 약점이 많은 사람이었습니다. 그런데 바울은 이런 약한 것을 자랑합니다. 그때 주님의 능력이 그 속에 머물러 비로소 온전한 사람이 되는 것입니다.

약함을 자랑하라

하나님은 사람의 방법이 한계에 이르렀을 때 역사하십니다. 때로는 벼랑 끝에 섰을 때, 앞에는 홍해, 뒤에는 애굽 군대로 가로막혀 있을 때 놀랍게 역사하십니다. 이때 결정적으로 중요한 것은 '가만히 있는 것'입니다. 하나님이 다 하신다는 것입니다. 두 손, 두 발 다 들고 퇴로를 끊어 버릴 때 기적이 일어나는 것입니다. 사람의 소망이 다 끊어졌을 때에야 비로소 하나님이 역사하시는 것입니다. 하나님은 겸손하게 엎드릴 때 우리에게 머무십니다. 그때 하나님이 본격적으로 역사하시는 것입니다.

이제는 하나님 앞에 불평하던 약한 것을 자랑하십시오. 하나님 앞에 청지기 의식을 가지고 살아가기를 결단하십시오. 우리는 이 세상에서 잠시 살아가는 존재입니다. 주님이 주신 것에 감사하고, 사랑하고 섬기며, 존경하며 살다가 주님 부르시면 홀연히 두고 가는 것입니다. 천년만년 이 세상을 감당할 수 있는 존재는 아무도 없습니다. 짧지만 막강한 영향력을 미치며, 아름다운 향기를 남기면서 강력하게 한 시절을 감당하는 삶이 되기를 바랍니다.

20. 울며 씨를 뿌리러 나가는 자

"눈물을 흘리며 씨를 뿌리는 자는 기쁨으로 거두리로다 울며 씨를 뿌리러 나가는 자는 반드시 기쁨으로 그 곡식 단을 가지고 돌아오리로다"(시 126:5-6).

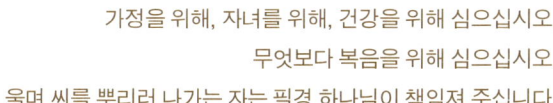

가정을 위해, 자녀를 위해, 건강을 위해 심으십시오.
무엇보다 복음을 위해 심으십시오.
울며 씨를 뿌리러 나가는 자는 필경 하나님이 책임져 주십니다.

모든 것에는 때가 있습니다. 이는 타이밍이 중요하다는 것입니다. 시편 126편은 이스라엘 백성이 바벨론에 포로로 끌려가 70년간 어려운 시간을 보낸 후 드디어 해방되어 예루살렘으로 돌아올 때의 기쁜 마음을 노래한 시입니다. 이때의 마음을 시인은 "꿈꾸는 것 같았도다"(시 126:1)라고 이야기합니다.

때를 기다리라

본문은 이 시의 결론입니다. 기쁜 순간에 '눈물을 흘리면서 씨를 뿌리러 나가는 자가 나중에는 반드시 기쁨으로 곡식 단을 가지고 온다'는 결론을 내리고 있습니다. 희로애락도 다 때가 있다는 것입니다. 이것을 농사에 비교해 볼 수 있습니다. 우리나라에는 사계절이 있어 철마다 할 수 있는 농사가 다릅니다. 봄철에 뿌린 씨가 여름철에 무성하게 자라면 가을철에 풍성한 추수를 한 후 겨울철에 씨앗을 갈무리합니다. 이처럼 파종할 때와 거둘 때가 있듯이, 우리 인생에도 꽃 피는 봄날과 천둥번개와 소낙비가 요란한 여름이 있고, 풍성한 가을의 추수 때와 찬바람 몰아치는 북풍한설 겨울이 있습니다.

왜 눈물을 흘리며, 울며 씨를 뿌리라고 말씀할까요? 아직은 축배를 들 때가 아니라는 것입니다. 아직은 달달한 열매와 꽃길을 꿈꾸지 말라는 것입니다. 꽃길을 걷기 위해서는 누군가 꽃씨를 심고 잘 가꾸어 놓은 꽃길이 조성되어야 합니다. 달달한 열매를 먹기 위해서는 물주고 거름 주며 가꾸는 과정이 먼저 필요한 것입니다. 한마디로, 지금은 추수할 때가 아니라 파종할 때라는 것입니다.

말씀이 육신이 되어 이 땅에 오신 예수님은 어떻게 지내셨을까요? 히브리서 5장 7절은 "그는 육체에 계실 때에 자기를 죽음에서 능히 구원하실 이에게 심한 통곡과 눈물로 간구와 소원을 올렸고"라고 말씀합니다. 통곡하면서 지내셨다는 것입니다. 예수님은 십자가 마지막 길을 가실 때도 울면서 예수님을 따르는 여인들을 향해 "나를 위하여 울지 말고 너희와 너희 자녀를 위하여 울라"(눅 23:28)고 말씀하셨습니다.

눈물로 키운 자식은 망하는 법이 없습니다. 중세의 성자인 어거스틴의 어머니는 '눈물로 자식을 기르는 모니카'로 불렸습니다. 엉망진창으로 살아가는 아들을 위해 평생을 눈물로 기도한 것입니다. 어거스틴이 중세의 위대한 성자가 되는 데 결정적인 역할을 한 것은 어머니 모니카의 눈물이었습니다. 사람이 울 때가 가장 진실할 때입니다. 눈물의 기도는 땅에 떨어지지 않고 하늘에 사무칩니다.

생명이 가진 힘

씨에는 생명이 있습니다. 보기에는 볼품없어 보여도 그 속에는 생명력이 있기 때문에 씨앗이 떨어지면 반드시 싹이 트고 발아해서 잎이 나오고 꽃이 피고, 마침내는 자라게 됩니다. 우리도 마찬가지입니다. 우리에게는 복음이 있습니다. 우리는 예수 생명을 가진 사람들이기에 예수 생명을 전파해 놓으면 반드시 역사가 일어나게 됩니다. 그렇기에 우리는 씨를 뿌리러 나가야 합니다. 흘려보내야 합니다. 전하고 심어야 합니다.

식물의 씨는 뿌려야 할 시기가 정해져 있지만 복음의 씨는 그렇지 않습니다. 우리는 이것을 '7무'로 심어야 합니다. 먼저는 '무시'로, 때를 얻든지 못 얻든지 뿌리고 심어야 합니다. 그리고 '무한'히 많이 심어야 합니다. 복음의 씨는 많이 심는 자가 많이 거두게 되어 있습니다. '무대포'로 '무식'하게 뿌리고 심으십시오. 믿거나 말거나, 때를 얻든지 못 얻든지, 반대를 하든지 말든지 전하는 것입니다. 복음을 전하다 '무안'한 일을 당해도 뿌리고 심어야 합니다. 뿌리고 심되 '무차별적'으로 심어야 합니다. 복음을 받아들일 사람, 받아들이지 않을 사람의 기준을 우리가 정해서는 안 됩니다. 그리고 마지막으로 '무릎'으로 심어야 합니다. 기도함으로 뿌리고 심어야 열매를 맺을 수 있습니다.

'울며 씨를 뿌리러 나가는 자'가 복이 있습니다. 힘들수록 나가야 합니다. 성경은 '가서 제자를 삼으라'고 말씀합니다. 세계를 품고 열방을 품으라는 것입니다. "생육하고 번성하며 땅에 가득"(창 9:7)해야 한다는 것입니다. 신앙생활의 가장 큰 문제는 가만히 있는 것입니다. 가만있지 마십시오. 영적인 무기력에서 일어나십시오. 건너가야 합니다. 한계를 뛰어넘어야 합니다. 울며 씨를 뿌리러 나가는 자는 반드시 기쁨의 단을 가지고 돌아올 것입니다.

바람이 불 때 배를 띄워야 합니다. 에스겔 37장을 보면 "생기가 그들에게 들어가매 그들이 곧 살아나서 일어나 서는데 극히 큰 군대더라"(10절)고 말씀합니다. 이 시대는 "말세에 고통하는 때"(딤후 3:1)입니다. 그런데 성경은 "말세에 내가 내 영을 모든 육체에 부어 주리니 너희의 자녀들은 예언할 것이요 너희의 젊은이들은 환상을 보고 너희의 늙은이들은 꿈을 꾸리라"(행 2:17)고 말씀합니다. 어렵고 무섭고 위축될수록 일어나십시오. "죄가 더한 곳에 은혜가 더욱"(롬 5:20) 넘칠 것입니다.

지금은 씨를 뿌려야 할 때입니다. 어둡고 힘들고 우울할수록 일어나 눈물을 흘리면서 씨를 뿌려야 합니다. 심으면 결실을 맺습니다. 창세기 26장에 보면 "이삭이 그 땅에서 농사하여 그해에 백배나 얻었고"(12절)라고 말씀합니다. 창대하고 왕성해서 마침내 거부가 되었다는 것입니다. 이삭이 그 땅에서 농사해서 100배의 결실을 얻었듯이, 심어 놓으면 이것이 30배, 60배, 100배의 결실을 얻는다는 것입니다. 많이 심어야 많이 거둘 수 있습니다. 고린도후서 9장은 "적게 심는 자는 적게 거두고 많이 심는 자는 많이 거둔다"(6절)고 말씀합니다.

씨감자는 먹어 치우면 안 됩니다. 씨앗을 뿌리고, 흘려보내고, 심고, 전할 때 생태계가 복원됩니다. 삶의 생태계도 마찬가지입니다. 관계가 변해야 합니다. 우리는 아름다운 공동체를 섬김과 나눔 같은 좋은 일들을 공유하는 생태계로 바꾸기 위해 복음을 전해야 합니다. 이 땅에 지옥 갈 사람들이 없어지고 이 땅이 아름다운 천국이 되도록 복음을 심고 가꾸고 만들어 가야 합니다.

자라고 결실하는 축복

심는 이가 있고 물을 주는 이가 있지만, 자라게 하시는 분은 하나님이십니다. "추수할 것은 많되 일꾼이 적으니 그러므로 추수하는 주인에게 청하여 추수할 일꾼들을 보내 주소서 하라"(마 9:37-38). 사람 찾아다니지 말고 하나님에게 부탁하라는 것입니다. 하나님에게 기도로 심으라는 것입니다. 이 땅에서는 눈물의 길, 고난의 길, 십자가의 길을 걸을지라도 천국에 가면 비단 길, 진주 길, 꽃 길, 보석 길, 잔치 길을 걸어가게 될 것입니다.

농사를 잘 짓기 위한 비결이 있습니다. 첫째는, 토양을 잘 분석해야 합니다. 고구마가 잘 자라는 땅이 있고 양파가 잘 자라는 땅이 있기 때문에 선택을 잘해야 합니다. 둘째는, 충분한 영양 공급을 해야 합니다. 영양은 햇빛과 물과 흙, 이렇게 세 가지입니다. 이 중 햇빛은 최고의 영양소입니다. 물은 생명의 축복입니다. 그리고 흙은 배수 통기를 가능하게 하는 요소입니다. 식물이 바람이 안 통하면 썩어서 퇴비가 되는 것처럼 성도들의 삶 또한 그렇습니다. 일주일에 한 번 드리는 예배로 만족하지 마십시오. 매일의 삶 속에서 찬송을 부르고 말씀을 듣고 기도로 부르짖는 삶을 살아야 우리의 신앙이 썩지 않을 수 있습니다.

가정을 위해, 자녀를 위해, 건강을 위해 심으십시오. 무엇보다 복음을 위해 심으십시오. 울며 씨를 뿌리러 나가는 자는 필경 하나님이 책임져 주십니다. 하나님은 그런 사람을 통해 집안이 달라지고, 문화가 달라지고, 족보가 달라지고, 역사가 달라지게 만드십니다.

21. 말씀이 문화되어

"하나님이 그들에게 복을 주시며 하나님이 그들에게 이르시되 생육하고 번성하여 땅에 충만하라, 땅을 정복하라, 바다의 물고기와 하늘의 새와 땅에 움직이는 모든 생물을 다스리라 하시니라"(창 1:28).

하나님은 역사하시기 전 반드시 명령을 주십니다.
우리는 명령이 떨어지는 순간
그것을 재빨리 알아채야 합니다.

성경에는 여러 명령이 기록되어 있습니다. 그중 신명기 6장에는 유대인들이 국민교육헌장과 같이 생각하는 '쉐마'가 나옵니다. "이스라엘아 들으라 우리 하나님 여호와는 오직 유일한 여호와이시니 너는 마음을 다하고 뜻을 다하고 힘을 다하여 네 하나님 여호와를 사랑하라"(4-5절). 그리고 마태복음 28장에는 "가서 모든 민족을 제자로 삼아 아버지와 아들과 성령의 이름으로 세례를 베풀고 내가 너희에게 분부한 모든 것을 가르쳐 지키게 하라"(19-20절)는 지상 대 명령이 나옵니다. 본문의 "생육하고 번성하여 땅에 충만하라, 땅을 정복하라, 바다의 물고기와 하늘의 새와 땅에 움직이는 모든 생물을 다스리라"(창 1:28)

는 말씀은 문화 명령입니다.

하나님의 본심

누군가에게 지시를 받거나 강요를 당한다고 생각해 보십시오. 갑질을 당한다고 생각해 보십시오. 명령을 듣는다는 것은 부담스럽고 피곤한 일입니다. 누군가 남의 인생에 대해 감 놔라, 배 놔라 하며 간섭하고 지시한다면 많은 사람들이 피로감을 느끼고 부담스러워할 것입니다. 무엇보다 현대인들은 남들하고 엮이는 것을 싫어합니다. 그래서 혼자 밥 먹고 혼자 지내는 등, 점점 혼자 살아가는 사람들이 많아지고 있습니다. 그러다 보니 인간관계의 폭이 줄어들고 사람들이 힘들어지는 것입니다.

하나님이 문화 명령을 내리시는 근본적인 이유는 사람들에게 복을 주시기 위함입니다. 하나님이 우리에게 무언가를 명하실 때 우리가 명령을 지키기 위한 폼만 잡아도 하나님은 명령을 수행할 수 있는 건강과 물질과 사람을 붙여 주십니다. 이것이 하나님의 본심입니다.

하나님은 명령을 통해 우리 안의 잠자는 영혼을 일깨워 주십니다. 우리가 얼마나 할 수 있는지 무한 능력, 성장 본능을 깨우시는 것입니다. 엔진이 꺼져 있으면 안 됩니다. 액셀을 밟고 가속페달을 밟기 위해서는 엔진이 켜져 있어야 합니다. 그럴 때 역사가 벌어집니다. 사람이 귀찮고 힘들고 모든 것이 위축되어 있다 보면 게을러지기 쉽습니다. 그러다 보면 모든 것이 서서히 다운되게 됩니다. 이럴 때 하나님의 명령이 우리를 일깨웁니다.

한 알의 밀알은 썩어야 열매가 맺히고, 가시밭의 백합화는 찔릴수록 향기가 진동합니다. 힘들고 어려울수록 하나님이 행하실 일들을 기대하십시오. 하나님과의 첫사랑을 회복하고, 하나님의 형상을 회복하고, 하나님의 명령을 회복하십시오. 우리는 이 시대에 계속해서 회복되어야 합니다. 점점 다운되는 삶이 아니라 점점 일어나는 삶을 살게 하시기 위해 하나님은 문화적으로 삶의 전 영역에서 우리를 터치하시는 것입니다.

"생육하고 번성하여 땅에 충만하라"

하나님은 무에서 유를 창조하시고, 마른 뼈로 위풍당당한 군대를 만드는 분이십니다. 무덤, 사망, 흑암, 어둠, 죽음의 권세를 파하고 무한 일으키시는 분이 우리 주님이십니다. 하나님은 "생육하고 번성하여 땅에 충만하라"(창 1:28)고 말씀하십니다. 생명력이 있는 것은 반드시 성장합니다. 씨를 심으면 싹이 트고 잎이 나오는 것처럼, 아기가 태어나면 지혜와 키가 자라는 것처럼, 우리 속에는 하나님의 생명이 있기 때문에 '생육'해야 합니다.

살아 있는 사람은 달라야 합니다. 폭포를 역류해서 치고 올라가는 물고기처럼 우리는 살아 있는 생명의 복음으로 세상을 치고 올라가야 합니다. 신앙이 흔들리는 이유는 무엇입니까? 우리의 영성이 죽었기 때문입니다. 영성이 약화되어서 바람에 요동치는 물결처럼, 바람에 나는 겨와 같이 흔들릴 때가 많은 것입니다.

'번성하라'는 것은 생태계를 확장해 나가라는 것입니다. 이는 지경을 넓혀 가고, 한계를 뛰어넘고, 고비를 넘어가라는 것입니다. 영향력을 넓혀 가라는 것입니다. 하나님은 아브라함을 부르실 때 "북쪽과 남쪽 그리고 동쪽과 서쪽을 바라보라 보이는 땅을 내가 너와 네 자손에게 주리니 영원히 이르리라 … 너는 일어나 그 땅을 종과 횡으로 두루 다녀 보라 내가 그것을 네게 주리라"(창 13:14-15, 17) 말씀하셨습니다. 75세 된 할아버지를 부르시어 익숙한 곳, 정든 곳, 편리한 곳을 박차고 일어나

갈 바를 알지 못한 채 나아갈 것을 명하신 것입니다. 그리고 그 명령을 지키며 나아가면 "너는 복이 될지라"(창 12:2)고 약속하신 것입니다.

'충만하라'는 것은 마음을 비우는 게 아니라 채우는 것입니다. 우리는 성령 충만, 은혜 충만, 진리 충만으로 채워져야 합니다. 우리는 하나님의 명령을 감당할 능력이 없습니다. 그래서 우리는 기름부으심을 구해야 합니다. 이는 명령을 계속 감당할 수 있도록 하나님이 부어 주시기 때문입니다.

비운다고 깨끗해지는 것이 아닙니다. 빈 깡통이 더 요란한 법입니다. 우리는 채워져야 합니다. 좋은 것으로, 신령한 것으로, 주의 것으로 성령 충만, 은혜 충만, 진리 충만하게 채워져야 감당할 힘이 나옵니다. 좋은 것으로 충만하지 못하면 엉뚱한 것이 우리 마음을 차지하기 때문에 늘 충만한 상태를 유지해야 합니다.

마귀에게 지지 말고 이기는 자가 되십시오. 피하지 마십시오. 도망가거나 포기하지 마십시오. 우리는 다스려야 합니다. 우리는 시간도 다스리고 물질도 다스리는 사람이 되어야지, 까딱 잘못하면 끌려가게 됩니다. 주류가 되십시오. 일류가 되고 본류가 되고 한류가 되십시오. 우리가 깃발을 들고 앞장서면 하나님이 힘과 지혜와 능력을 주십니다.

최선의 방어는 공격

문화 명령은 적극적인 개념입니다. 가만히 있어서는 명령을 수행할 수가 없습니다. 근육은 계속해서 사용해야 발달됩니다. 자전거 페달은 계속해서 밟아 줘야 앞으로 나아갑니다. 페달 밟기를 멈추는 순간 자전거는 쓰러져 버리고 맙니다. 한나가 응답받은 결정적인 이유는 브닌나라는 눈엣가시 같은 대적이 있었기 때문입니다. 속을 뒤집어 놓는 그 사람 때문에 잠 못 자고 기도하다가 진짜 복을 받은 것입니다. 계속해서 기도로 움직이다가 응답을 받은 것입니다.

한나에게 있어 브닌나는 고난으로 가장한 축복입니다. 이와 비슷한 것이 무엇입니까? 고독의 축복입니다. 아무데도 의지할 곳 없어 주님만 바라보게 되는 것입니다. 고난의 축복입니다. 아프니까 기도하고, 가난해서 의지할 게 없으니까 하나님만 의지하게 되는 것입니다.

예수님은 말씀이 육신이 되신 분입니다. 하나님은 말씀을 통해서 천지를 창조하신 분입니다. 하나님은 우리에게 역사하시기 전에 반드시 명령을 주십니다. 우리는 명령이 떨어지는 순간 그것을 재빨리 알아채야 합니다. 하나님의 명령을 재빨리 알아채고 행동으로 옮기기 위해서는 늘 움직이고 있어야 합니다. 가만있으면 안 됩니다.

　마지막 때에 우리에게 명하시는 하나님의 명령은 무엇일까요? 하나님의 명령은 아무에게나 주어지지 않습니다. 하나님의 말씀과 명령이 주어질 경우 그것에 어떻게 반응하고 응답하느냐에 따라 역사가 달라지기 때문에 우리는 늘 명령을 온전히 수행하기 위해 만반의 준비를 해야 합니다. 많은 믿음의 선배들은 성경을 읽다가, 찬송을 부르다가, 기도하다가 하나님의 음성을 들었습니다. 하나님의 명령을 받고 일어나 말씀을 붙들고 살아갔기에 간증을 이루고 역사를 만들어 가게 된 것입니다.

　창세기 초두에 보면 하나님은 계속해서 '생육하라, 번성하라, 충만해라, 다스리라'와 같은 공격적이고 적극적인 명령을 주십니다. 이유가 무엇입니까? 최선의 방어는 공격이기 때문입니다. 마귀를 대적하고 떨치고 일어날 때 하나님이 새 힘과 피할 길을 열어 주시고, 지혜와 사람을 붙여 주십니다.

　체험과 간증이 있는 신앙생활을 하기 위해서는 하나님의 명령에 민감해야 합니다. 그리고 그 명령을 행하기 위한 노력과 성령의 도우심을 구해야 합니다. 약할수록 기도하십시오. 가난할수록 하나님을 붙잡고 의지하십시오. 문제가 많다는 것은 기도할 것이 더 많다는 것입니다. 하나님이 우리에게 많은 부담을 주시고 기도하게 하실 때 우리가 역사의 주역이 된다는 것을 기억해야 합니다.

하나님의 명령을 받았다면 주저하지 마십시오. 하나님은 선뜻 대답하고 나서는 사람을 그 시대의 쓰임 받는 일꾼으로 사용하십니다.

한 알의 밀알은 썩어야 열매가 맺히고,

가시밭의 백합화는 찔릴수록 향기가 진동합니다.

힘들고 어려울수록 하나님이 행하실 일들을 기대하십시오.

하나님과의 첫사랑을 회복하고, 하나님의 형상을 회복하고,

하나님의 명령을 회복하십시오.

22. 그릇 이야기

"선지자의 제자들의 아내 중의 한 여인이 엘리사에게 부르짖어 이르되 당신의 종 나의 남편이 이미 죽었는데 당신의 종이 여호와를 경외한 줄은 당신이 아시는 바니이다 이제 빚 준 사람이 와서 나의 두 아이를 데려가 그의 종을 삼고자 하나이다 하니 엘리사가 그에게 이르되 내가 너를 위하여 어떻게 하랴 네 집에 무엇이 있는지 내게 말하라 그가 이르되 계집종의 집에 기름 한 그릇 외에는 아무것도 없나이다 하니 이르되 너는 밖에 나가서 모든 이웃에게 그릇을 빌리라 빈 그릇을 빌리되 조금 빌리지 말고 너는 네 두 아들과 함께 들어가서 문을 닫고 그 모든 그릇에 기름을 부어서 차는 대로 옮겨 놓으라 하니라 여인이 물러가서 그의 두 아들과 함께 문을 닫은 후에 그들은 그릇을 그에게로 가져오고 그는 부었더니 그릇에 다 찬지라 여인이 아들에게 이르되 또 그릇을 내게로 가져오라 하니 아들이 이르되 다른 그릇이 없나이다 하니 기름이 곧 그쳤더라 그 여인이 하나님의 사람에게 나아가서 말하니 그가 이르되 너는 가서 기름을 팔아 빚을 갚고 남은 것으로 너와 네 두 아들이 생활하라 하였더라"(왕하 4:1-7).

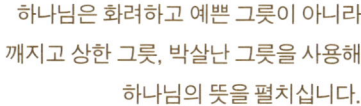

> 하나님은 화려하고 예쁜 그릇이 아니라
> 깨지고 상한 그릇, 박살난 그릇을 사용해
> 하나님의 뜻을 펼치십니다.

우리는 흔히 사람을 그릇에 비유해서 말하곤 합니다. '통이 크다', '속이 냄비 끓듯이 파르르하다' 등 사람의 됨됨이를 그릇의 크기로 이야기하는 것입니다. 신앙 안에서는 그릇이 믿음의 분량을 나타낼 때 쓰입니다. 하나님은 사람의 믿음의 분량대로 복을 주시는데 그릇이 얼마나 크냐에 따라 담아 낼 수 있는 양이 다르다는 것입니다.

유럽에서는 오크라는 둥근 나무로 맥주 통이나 포도주 통을 만듭니다. 통을 만들 때 송판을 죽 이어 가며 만드는데, 높이를 똑같이 맞추어도 송판 하나가 짧으면 물이 그만큼밖에 고이지 않게 됩니다. 이는 무엇을 시사합니까? 그 사람의 한계가 그 사람의 인격의 높이가 된다는 것입니다.

쓰임 받는 그릇

본문에는 깨진 쪽박, 밑 빠진 독과 같은 한 집안의 기구한 이야기가 등장합니다. 선지자의 제자들의 아내 중에 한 여인이 남편은 죽고 아들 둘과 남겨진 상황에서 빚쟁이가 찾아와 빚을 갚지 않으면 아들들을 끌고 가서 종을 삼겠다고 협박하는 상황입니다. 여기서 선지자는 엘리사입니다.

지금 하나님은 쪽박 찬 집안, 밑 빠진 독과 같은 이 집안에 관심을 가지고 계십니다. 하나님은 작은 자, 가난한 자, 병든 자들에게 관심이 많으십니다. 사람들은 그릇을 이야기할 때 자기 그릇을 부끄러워하며 자기 됨됨이, 인격 함량에 대해 낙심을 하곤 합니다. 그러나 하나님이 쓰시는 그릇은 좋은 그릇, 금그릇이 아닙니다. 하나님은 화려하고 예쁜 그릇이 아니라 깨지고 상한 그릇, 박살난 그릇을 사용해 하나님의 뜻을 펼치십니다. 하나님은 상한 심령을 멸시치 않으시고 투박한 그릇을 가져다가 꿀을 담고 보석을 담을 수 있는 귀한 그릇으로 만들어 가십니다.

큰 집에는 그릇이 많이 있습니다. 크기와 재료가 다른 수많은 그릇들이 있습니다. 그런데 중요한 것은 쓰임 받는 그릇이 되어야 한다는 것입니다. 그릇이 크다고 좋은 것만은 아닙니다. 간장은 간장 종지에 담아야 하는 것처럼 각각의 쓰임에 맞게 사용되는 것이 중요합니다. 그렇다면 하나님이 보실 때 우리는 어떤 그릇일까요?

남편을 잃은 여인이 엘리사를 찾아와 울부짖습니다. 살 수 있는 유일한 방법은 그냥 우는 것이기 때문입니다. 간절하다는 것은 절박함이 있다는 것입니다. 빈 그릇, 깨진 그릇을 가지고 있는 사람은 절박해야 합니다. 간절함과 절박함이 있어야 간절한 기도가 가능해지기 때문입니다. 그 기도가 하나님의 보좌를 움직입니다. 어중간한 삶을 살아가면서 하나님 앞에 간절함도 사모함도 절박함도 없는 것이 이 시대의 가장 결핍된 모습입니다.

전부를 드려 넘치는 복을 얻으라

불쌍한 여인의 부르짖음에 엘리사가 먼저 묻습니다. "내가 너를 위하여 어떻게 하랴 네 집에 무엇이 있는지 내게 말하라 그가 이르되 계집종의 집에 기름 한 그릇 외에는 아무것도 없나이다"(왕하 4:2). 엘리사처럼 하나님도 먼저 우리에게 물어보십니다. '네 그릇은 어디에 있느냐?' 열 처녀의 비유에서 어리석은 다섯 처녀의 문제는 기름병이 준비되지 않았다는 것입니다. 당신의 그릇은 어떻습니까? 밑 빠진 독입니까? 쪽박입니까? 항아리입니까? 도자기입니까? 아니면 종지입니까? 보석함입니까?

엘리사는 아무것도 없는 것 같은 집안에 무엇이 있는지를 물어봅니다. 이는 예수님의 오병이어 사건을 떠오르게 합니다. 예수님은 아무것도 없는 상황에서 "너희가 먹을 것을 주라"(마 14:16)고 말씀하셨습니다. 우리가 가진 것이 아무것도 아닌 것 같아도 멸치 두 마리와 떡 부스러기 다섯 조각으로 하나님은 오천 명을 먹이시고 열두 광주리를 남길 수 있는 분이십니다. 쪽박 찬 그릇, 빈 그릇을 가지고 얼마든지 재생산하시는 권능의 주님이신 것입니다.

여인은 기름 한 그릇 외에는 가진 것이 없었습니다. 그야말로 쪽박이요, 밑 빠진 독입니다. 이것을 가지고는 집안 문제를 해결할 수가 없는데 그것마저 주님 앞에 내놓고 부르짖는 것입니다. 그럴 때 엘리사가 "너는 밖에 나가서 모든 이웃에게 그릇을 빌리라 빈 그릇을 빌리되 조금 빌리지 말고"(왕하 4:3)라고 이야기합니다.

이 말씀은 굉장히 적극적입니다. 밖에 나가서 이웃에게 그릇을 빌려 오라는 것입니다. 오늘날은 전문가의 시대입니다. 나 혼자 모든 것을 다 감당할 수는 없습니다. 내 그릇이 작다고, 내 그릇이 쪽박이라고, 내 그릇이 신통치 않다고 울고불고 할 필요가 없습니다. 나가서 빌려 오면 됩니다. 한 기독교 방송국의 PD가 이런 이야기를 했습니다. 자기는 다 잘할 필요가 없다는 것입니다. 노래 잘하는 가수 섭외하면 되고, 설교 잘하는 목사님을 모시면 된다는 것입니다. 방송국 PD는 많은 주연, 조연들을 데려다가 연출만 하면 되는 것입니다. 모든 것을 갖춘 완벽한 그릇이 되려 하지 마십시오. 오히려 내 그릇이 약할 때, 신통찮을 때 사람들이 도와줍니다.

"너는 네 두 아들과 함께 들어가서 문을 닫고 그 모든 그릇에 기름을 부어서 차는 대로 옮겨 놓으라"(왕하 4:4). 엘리사는 빌려 온 그릇에 기름을 채우라고 말했습니다. 저는 양에서 질이 나온다고 굳게 믿는 사람입니다. 기도의 분량이 차야 응답이 됩니다. 갈라디아서 6장 9절은 "때가 이르매 거두리라"고 말씀합니다. 때가 차야 합니다. 서러운 때가 차고, 가난한 때가 차고, 눈물의 때가 차야 응답이 된다는 말씀입니다. 시편 56편 8절은 "나의 눈물을 주의 병에 담으소서"라고 말씀합니다. 눈물 병을 끝까지 채워야 응답이, 기적이 나타난다는 것입니다. 기도는 길어도 응답은 순간이고, 고난은 많아도 기적은 순간입니다.

"너는 가서 기름을 팔아 빚을 갚고 남은 것으로 너와 네 두 아들이 생활하라"(왕하 4:7). 모든 그릇에 기름이 채워지자 엘리사는 가서 기름을 팔아 빚을 갚고 생활하라고 이야기합니다. 이는 굉장한 말씀입니다. 우리가 아무리 기진맥진해도, 탈진을 해도 성경은 우리를 위로하려고 하지 않습니다. 오히려 우리를 더 북돋워서 '가서 제자 삼으라', '가서 생육하고 번성, 충만, 정복, 생활하라', '가서 빌려 와라', '가서 팔아라' 하고 명령합니다. 가서 팔라는 명령 앞에 '창피한데요, 나는 하고 싶은 생각이 없는데요'라고 말해서는 역사가 일어나지 않습니다. 적극적으로 움직여야 기적이 일어나고 역사가 이어집니다.

엘리사가 말한 '생활'은 생존이 아닌 살아서 역사하고 생활하라는 것입니다. 하나님은 우리를 겨우 생존하는 수준으로 만족하게 하지 않으십니다. 팔아서 빚을 갚고 아들들과 함께 생활할 수 있도록 넉넉하게 행하는 분이십니다.

있는 모습 그대로

어떤 경우에도 자신의 그릇을 부끄러워하지 마십시오. 우리는 깨어진 그릇이요, 상한 심령이요, 주님 앞에 자랑할 것이 없는 모습이지만, 하나님은 그것을 불쌍히 여기시고 우리 그릇을 채워 주십니다. 우리 주변의 우주 만물을 총동원하셔서라도 우리 집안과 그릇을 살려 주십니다. 이를 부끄러워하지 말고 그것을 팔아 생존을 넘어 생활하는 놀라움을 맛보십시오.

이 어두운 시대에 우리는 하나님에게 쓰임 받는 그릇이 되기를 소망해야 합니다. 비록 우리 그릇이 뚝배기 같고 초라할지라도 주님이 보석을 담아 주시면 보물단지가 되고 꿀을 담아 주시면 꿀단지가 됩니다. 보잘것없는 우리 모습이 향기로운 그릇으로 변해 가듯이, 주님이 만져 주시면, 주님이 우리 그릇을 붙드시면 이 시대에 쓰임 받는 그릇, 생존이 아닌 생활하는 그릇, 빚지고 가난하고 병들고 어려운 어둠의 세력을 청산해 버리고 주님 앞에서 쓰임 받는 그릇이 될 것입니다.

빈 그릇, 깨진 그릇을 가지고 있는 사람은 절박해야 합니다.
그 기도가 하나님의 보좌를 움직입니다.